BENT AARRE · SPINNAKERSEGELN

BENT AARRE

Spinnakersegeln

VERLAG KLASING & Co. GMBH, BIELEFELD

Titel der dänischen Originalausgabe SPILERSEJLADS

4. Auflage

ISBN 3-87412-050-3

Deutsche Übersetzung: Marianne Nissen

Printed in Germany 1981
Druck: Kunst- und Werbedruck, Bad Oeynhausen 2
Umschlag: Siegfried Berning

Inhaltsverzeichnis

Früher und heute

Seeleute sind schon immer daran interessiert gewesen, ihr Schiff unter den gegebenen Verhältnissen so schnell wie möglich laufen zu lassen. Segelten sie raumschots oder vorm Wind, erfanden sie immer neue Möglichkeiten, die Segelfläche zu vergrößern. Solchen Bemühungen sind allerdings natürliche Grenzen gesetzt. Es hat keinen Sinn, ein Boot so zu übertakeln, daß Rudergehen unmöglich wird, oder Segel zu setzen, die anderen effektiven Segeln Windschatten geben.
Schon immer hat man auf kleinen Booten die wirkungsvolle Methode gekannt, mit Hilfe einer Spiere eine Fock nach Luv auszubaumen. Und von großen Handelsseglern wissen wir, daß auf ihnen sogenannte Leesegel benutzt wurden, Rahsegel, die in Luv an die vorhandenen Rahsegel gesetzt und mit dem Spinnakerbaum jener Tage, der Leesegelspiere, ausgebaumt wurden. Auf kleineren Fahrzeugen benutzte man die sogenannte Breitfock, ein großes Rahsegel, das gleichzeitig mit dem Gaffelsegel am Großmast gefahren wurde. Man kann durchaus sagen, daß diese Segel die Vorläufer des heute im Segelsport verwendeten Spinnakers sind. Der eigentliche Yachtsport nahm um 1850 Form an, und schon bei Regatten 1865 in England sah man auf einem Kutter zum ersten Mal einen Spinnaker. Das Boot, das dieses Segel gesetzt hatte, hieß „Niobe". Sie wurde dank dieses Segels klare Siegerin des Rennens. Über die Herkunft des Wortes „Spinnaker" bestehen Zweifel. Teilweise wird angenommen, es käme von dem englischen Ausdruck „to make her spin", was frei übersetzt „fall ab und nimm Fahrt auf" bedeutet. Über „Spinmaker" ist es dann zu „Spinnaker" geworden. Nach einer anderen Version wird angenommen, daß das Wort von einem Kutter herrührt, der das Segel 1866 benutzte. Das Boot hieß „Sphinx", wurde in der Umgangssprache allerdings immer nur „Spinks" genannt. Das Segel soll danach „Spinker" genannt worden sein und sich über „Spinniker" zu „Spinnaker" entwickelt haben. Dieser erste Spinnaker war ein unsymmetrisches Segel, das am ehesten die Form einer bauchigen Genua hatte, genäht aus leichter Baumwolle, mit senkrecht zum Unterliek verlaufenden Bahnen. Es wurde mit einer sehr langen Spiere nach Luv ausgebaumt, und die Schoten wurden ach-

tern vom Vorstag geführt. Wurde höher am Wind gesegelt, nahm man den Baum weg und nannte das Segel dann „Ballon".
Diese Spinnakerform wurde ohne wesentliche Änderungen bis 1936 be-

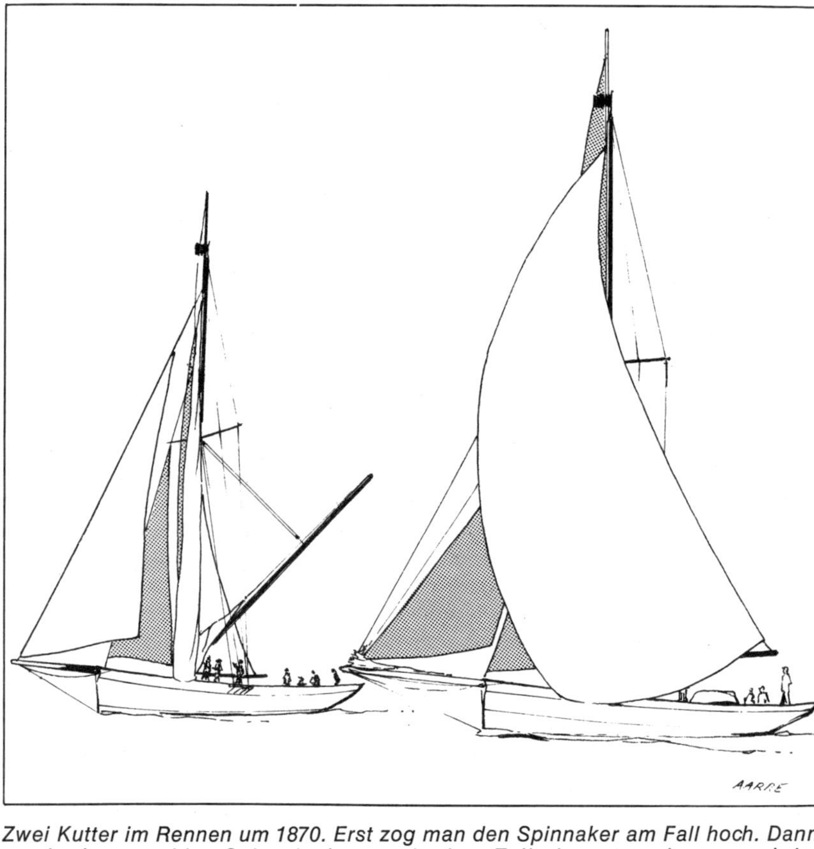

Zwei Kutter im Rennen um 1870. Erst zog man den Spinnaker am Fall hoch. Dann wurde der gewaltige Spinnakerbaum mit einer Talje heruntergelassen und der Hals an die Nock gesetzt. Stand der Spinnaker dann, brachten die übrigen Vorsegel wenig, da er sie fast völlig abdeckte.

nutzt, rund 75 Jahre. Erst dann sieht man beispielsweise 6-m-R-Boote symmetrische Spinnaker fahren, also Segel aus zwei gleichen, in der Mitte zusammengenähten Teilen mit sehr runden Seitenlieken und sehr bauchiger Form. Gleichzeitig ging man dazu über, den Spinnaker vor das Vorstag zu setzen, so daß der Windschatten des Großsegels ihn nicht mehr traf und er sich frei heben konnte. Das war tatsächlich eine Revolution, und seitdem haben Segelmacher in harter Konkurrenz versucht, für die verschiedenen Windstärken und Kurse zum Wind den zweckvollsten Spinnaker zu entwickeln.

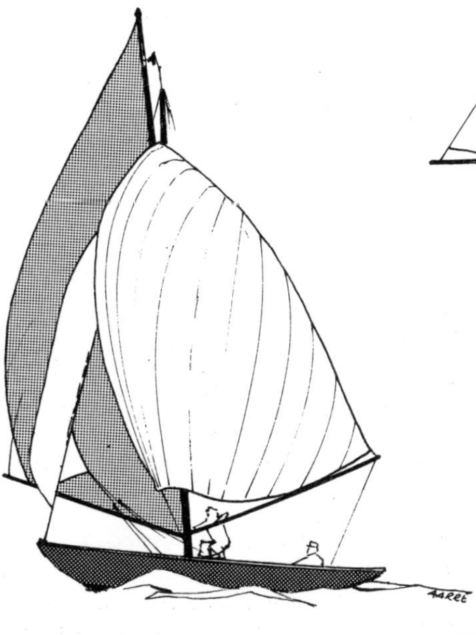

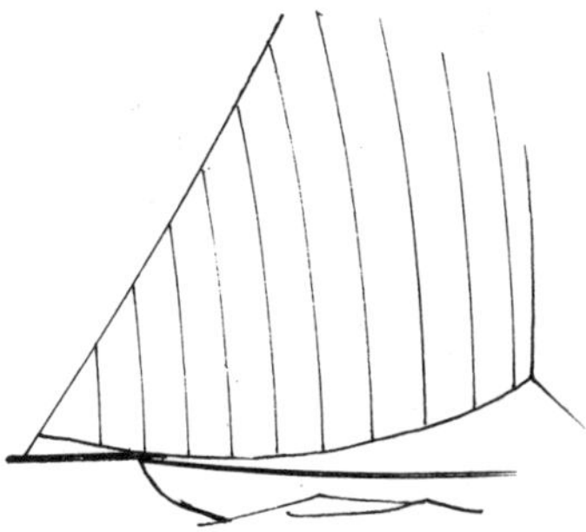

Links: Offenes Kielboot 1912. Merkwürdigerweise lernte man es in den ersten 75 Jahren des Spinnakersegelns nicht, den Spinnakerbaum höher am Mast zu fahren, um den Spinnaker weiter nach Luv auszubaumen.

Oben: Der gleiche Spinnaker als Ballon gefahren. So gesetzt erinnert er verblüffend an den heutigen Reacher.

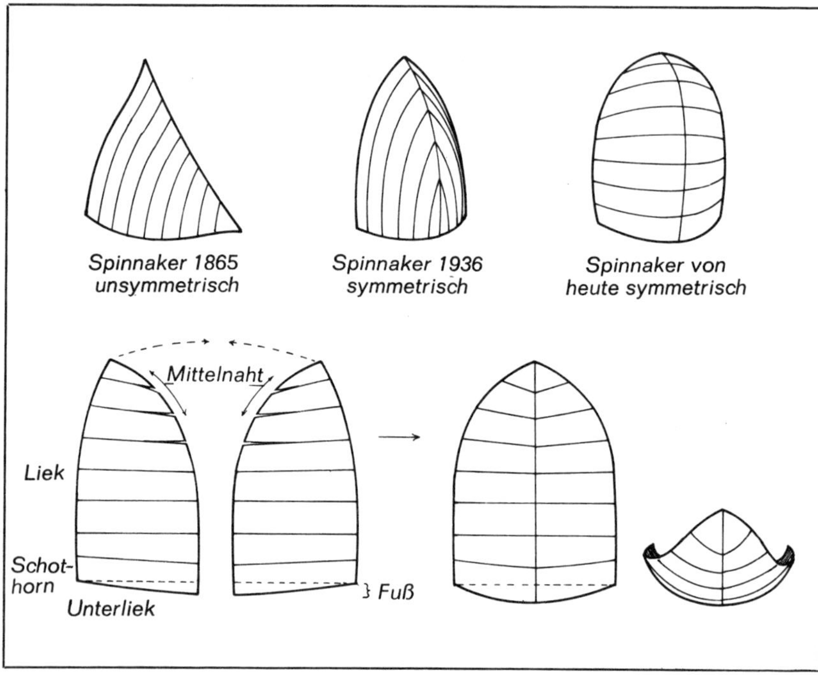

Der moderne, allgemein gebräuchliche Spinnaker wird in waagerechten Bahnen genäht. Die Form kann, wie hier, aus zwei Hälften mit sehr runder Mittelnaht entstehen. Zusätzlich werden zwischen die oberen Bahnen keilförmige Abnäher gemacht, um eine noch größere Rundung zu bekommen. Jeder Segelmacher hat sein eigenes Rezept für den Zuschnitt der sehr wichtigen Mittelnaht. Die untersten Bahnen verlaufen nicht parallel. Damit wird erreicht, daß der Spinnakerfuß ruhig steht. Hat ein Spinnaker keine Mittelnaht, sondern durchgehende Bahnen, verjüngen sich die Bahnen an den Seiten, damit es die Rundung gibt. Der Vorm-Wind-Spinnaker sieht von oben wie eine Halbkugel aus, der Spezialspinnaker für halben Wind wie ein halbes Oval.

Ende der 50er Jahre trennte man sich von der seit 100 Jahren ausschließlich verwendeten Baumwolle und begann, Spinnaker aus Nylon zu nähen. Dieses Material ist leichter, stärker und recht elastisch, was bis zu gewissem Grad für einen Spinnaker von Nutzen ist. Die weniger elastischen

Tuche aus Terylene und Dacron werden für Spinnaker selten benutzt, dagegen für alle anderen Segel.
Nach wie vor wird daran gearbeitet, die wirkungsvollste Spinnakerform zu nähen, und der jüngste große Fortschritt in dieser Entwicklung ist der Starcut (s. Seite 80), der auch sehr hoch am Wind gefahren werden kann.
Außerdem wurde eine Reihe von ergänzenden Beisegeln entwickelt (Tallboy, Spinnakerstagsegel usw.). Sie werden zwischen Spinnaker und Großsegel gesetzt, um die Geschwindigkeit des Windabflusses zu beschleunigen und damit die Wirkung der Segel zu erhöhen.
Wird man in der Spinnakerentwicklung noch sehr viel weiterkommen? Die Phantasie reicht kaum aus, sich das vorzustellen. Allerdings tat sie das wahrscheinlich auch nicht 1865, als man die erste Spinnakerform gefunden hatte.

Klar zum Spinnakersetzen

Die zweckmäßigste Methode, einen Spinnaker zu setzen und zu bergen, ist von Bootstyp zu Bootstyp, also auf Jollen, Kielbooten und kleineren oder größeren Seekreuzern, verschieden. Für alle gilt jedoch, daß für Spinnakerfahren ein Baum, ein Toppnant, ein Niederholer, für jede Seite eine Schot und ein Spinnakerfall benötigt werden.

Der Spinnaker wird zusammengelegt

Wir setzen Spinnaker auf einem kleinen Seekreuzer von 8—9 m Länge. Der Spinnaker ist stets in seinem Sack verstaut, und zwar so, daß er jederzeit einsatzbereit ist und sich beim Hochziehen nicht vertörnt. Am besten wird der Spinnaker in der schützenden Kajüte zusammengelegt. Man greift ein beliebiges Schothorn, behält es in der Hand und läuft mit der anderen Hand am Liek entlang zum nächsten, das man ebenfalls in der Hand behält. Genauso macht man es mit der dritten Seite. Ist man allein, bindet man die drei Spinnakerecken mit einem Zeising zusammen und befestigt sie beispielsweise an einem Handlauf. Jetzt kann das herunterhängende Tuch in den Sack gestopft werden. Schothörner und Kopf liegen obenauf, klar für das Einklinken von Schoten und Spinnakerfall. Damit das glatte Segel nicht frühzeitig aus dem Sack geweht wird, kann man durch die Augen von Kopf und Schothörnern einen Zeising stecken und diesen am Sack befestigen. Sehen alle Spinnakerecken gleich aus, muß der Kopf markiert werden, damit man weiß, wo am Spinnaker oben und unten ist. Der Kopf sollte außerdem mit einem Spinnakerwirbel versehen sein, mit dem sich der Spinnaker selbst freimachen kann, sollte er sich beim Setzen vertörnen.

Schoten

Die Schnappschäkel oder Karabiner am vorderen Ende der Schoten werden zunächst am Bugkorb festgemacht. Die Schoten werden außen um Reling und Wanten nach achtern geführt und dort durch Umlenkblöcke

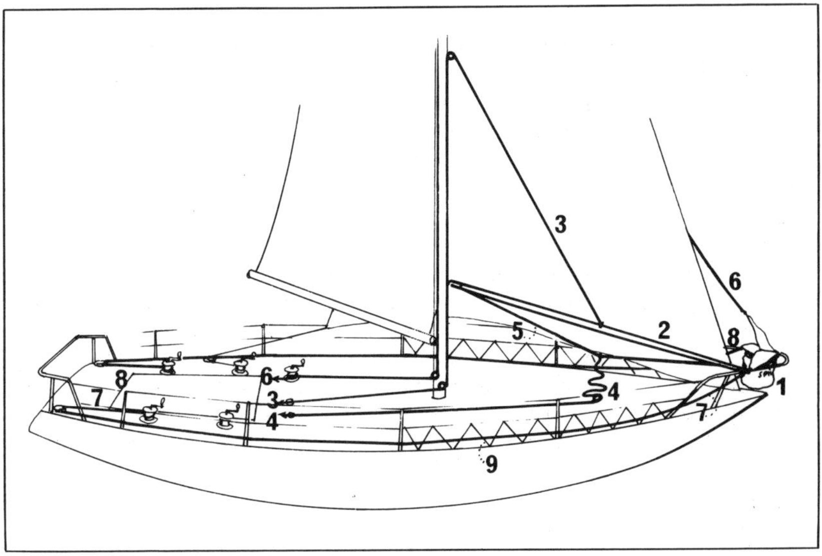

Der Spinnaker ist klar zum Setzen

1. Spinnakersack mit dem korrekt gepackten Spinnaker. 2. Spinnakerbaum. 3. Toppnant. 4. Niederholer. 5. Hahnepot. 6. Spinnakerfall. 7. Achterholer. 8. Spinnakerschot. 9. Relingsnetz.
Auf einem mittleren Seekreuzer sollte, wie auf diesem Boot, für Spinnaker- und Genuaschoten je ein Satz Winschen an Deck stehen. Ist insgesamt nur ein Satz Winschen vorhanden, wird das bei Segeln unter Spinnaker und Vorsegel erschwerend sein. Wichtig ist auch eine Winsch für das Spinnakerfall. Hier ist sie am Cockpit plaziert. Es kann jedoch auch seitlich am Mast in der Höhe des Großbaums eine Winde angebracht werden. Für Toppnant und Niederholer genügen Schotklemmen, obwohl Winschen hier strenggenommen auch angebracht sind. Das Relingsnetz ist aus dünnem Nylon und in der unteren Hälfte der Seereling gespannt. Es verhindert, daß Segel, die beim Segelwechsel an Deck liegen, ins Wasser fallen.

geschoren, die nah am Heck am Schandeck befestigt sind. Der Tampen wird um eine Winsch gelegt. Die Schot muß recht kräftig, aber weich und geschmeidig sein, beispielsweise aus geflochtenem Polyester. Solches

Material ist äußerst wichtig, damit man bei dem großen Druck, der auf dem Spinnaker steht, die Schoten leichter holen kann. Normale Schäkel sind zum Verbinden von Schot und Spinnaker nicht geeignet. Statt dessen sollten Schnappschäkel oder Karabinerhaken verwendet werden, die blitzschnell gelöst werden können.
Die Umlenkblöcke müssen recht groß dimensioniert sein, damit die Schot gut durchlaufen kann. Es ist von Vorteil, wenn die Blöcke mit Wirbelschäkeln befestigt werden, weil sie sich dann auf den Einfallwinkel der Schot einstellen können. Am besten benutzt man Fußblöcke (Snatchblöcke), deren eine Backe geöffnet werden kann. Die Schot kann in diese Blöcke eingelegt und muß nicht in ganzer Länge durchgezogen werden. So läßt sie sich auch schneller in einen anderen Holepunkt verlegen. Die Winschen sollten sinnvoll am Cockpit oder am Kajütdach plaziert, von guter Qualität und nicht zu klein bemessen sein. Auch wenn gute Winschen teuer sind — genau wie Snatchblöcke —, darf nicht vergessen werden, daß nur mit bestem Zubehör ein Spinnaker korrekt gefahren werden kann. Bei kräftigem Wind ist gutes Material außerdem eine Frage der Sicherheit.

Spinnakerbaum

Normalerweise liegt der Spinnakerbaum auf dem Vorschiff, sein eines Ende ist an der letzten Stütze des Bugkorbes befestigt, das andere an Want oder Schandeck. Am besten ist es, wenn für diesen Zweck Beschläge angebracht werden. Ein langer Spinnakerbaum ist am vorteilhaftesten. Klassenregeln und IOR-Formel begrenzen die Länge allerdings. Normalerweise ist der Spinnakerbaum so lang wie der Abstand zwischen Vorderkante Mast und Vorstag an Deck. Darüber, wie ein Spinnakerbaum aussehen soll, gibt es viele Ansichten. Generell sollte er kräftig sein und an beiden Enden gleiche Kopfbeschläge mit Ausklink-Vorrichtung tragen, deren Öffnungen auf der gleichen Seite liegen. Oben auf der Mitte des Baumes sitzt ein Auge für die Befestigung des Toppnanten, unten ein Hahnepot mit Ring für die Anbringung des Niederholers. Der Hahnepot verteilt die Zugkraft, so daß der Baum nicht verbiegen kann. Der aufwärts gerichtete Zug auf den Spinnakerbaum ist nämlich beachtlich, wenn der Spinnaker bei frischem Wind steigt. Der Federbolzen der Kopf-

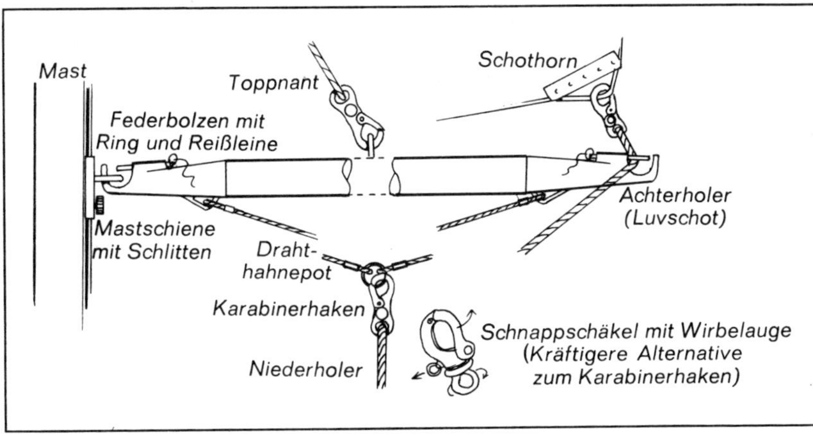

beschläge an den Spinnakerbaumenden sind mit Ring und Reißleine versehen, mit denen der Beschlag schnell geöffnet und der Spinnakerbaum abgenommen werden kann.

An der Vorderkante des Mastes sitzen ein oder mehrere Augen für das Einhängen des Baumes. Das Auge sollte an einen Schlitten geschweißt sein, der an einer Mastschiene nach oben und nach unten verstellt werden kann. Normalerweise wird der Schlitten mit einem Stopper in der gewünschten Position auf der Schiene arretiert. Besonders günstig ist diese Methode nicht, da es schwierig sein kann, den Schlitten zu versetzen, wenn der Spinnaker zieht. Besser ist es, den Schlitten mit einer Lift-Talje zu trimmen.

Auf „unserem" Boot wird also ein Baum gefahren, der an den Enden gleich ist und Toppnant und Niederholer in der Mitte hat. Diese Ausstattung ist bei Spinnakermanövern, wie sie später beschrieben werden, von Vorteil. Auf größeren Yachten ist dieses Geschirr jedoch nicht ausreichend und würde von der Crew zuviel Kraftaufwand erfordern. Hier wird der Spinnakerbaum in einen kräftigen, glockenförmigen Mastbeschlag gesteckt, und Toppnant und Niederholer werden durch das vordere Baumende geführt. Auf großen Yachten werden außerdem zwei Spinnakerbäume verwendet, um das Halsen zu vereinfachen.

Der Baum wird nun von den Decksbeschlägen gelöst und sein eines

Ende in den Mastbeschlag gesetzt, die Öffnung der Ausklinkvorrichtung nach oben. Der Schlitten am Mast sollte oben in der Schiene arretiert sein, so daß der Baum einigermaßen richtig sitzt, wenn der Spinnaker gesetzt wird. Das vordere Ende des Spinnakerbaumes zeigt schräg nach unten Richtung Bug und liegt in Luv des Vorstags. Toppnant und Niederholer sind mit Schnappschäkel oder Karabinerhaken eingehängt.

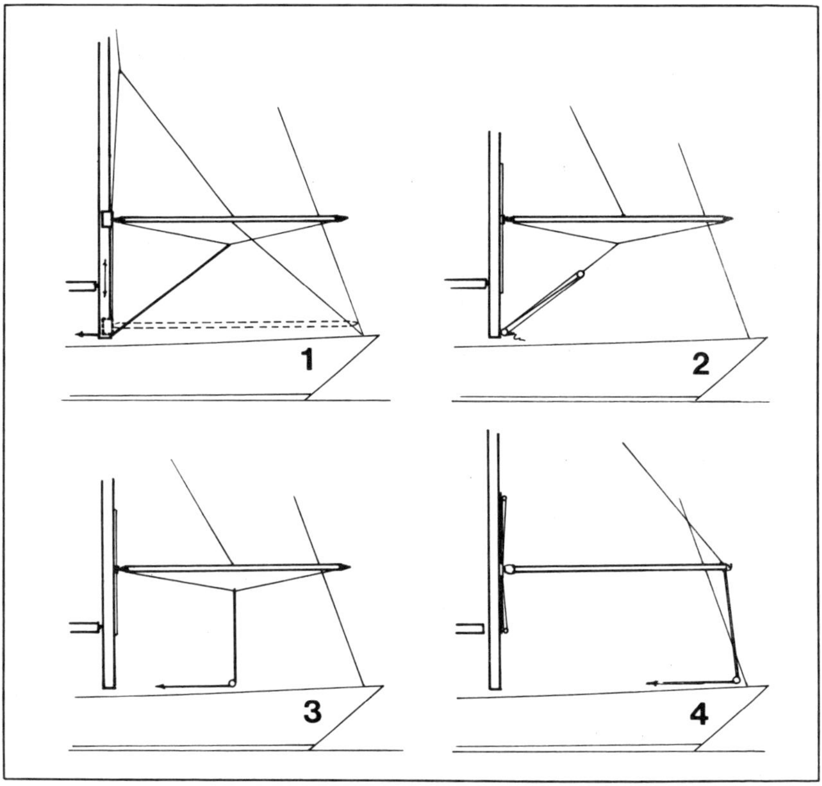

Toppnant

Der Toppnant wird über eine Rolle in der oberen Masthälfte an den Mastfuß geführt, wo er an einer Klampe belegt wird. Vorteilhafter aber ist es, ihn über eine zweite Rolle ins Cockpit weiterzuführen und von dort zu bedienen.

Niederholer

Der Niederholer wird über einen Block auf dem Vorschiff oder am Mastfuß geschoren. Auch er sollte für die Bedienung ins Cockpit geführt werden. Der Niederholer ist am besten aus dem gleichen kräftigen Material wie die Spinnakerschoten.

---

1. Der Spinnakerbaum in der Manschette wird mit einem unsymmetrisch geschorenen Hahnepot als Toppnant waagerecht getrimmt. Hier muß dafür niemand an Deck. Da die Manschette den Mast umschließt, dürfen an diesem keine Beschläge sitzen, Fallen müssen im Mast geführt werden. Zwischen Mitte Spinnakerbaum und Bug ist ein kräftiger Gummistropp gespannt, der den Spinnakerbaum immer dicht am Schothorn hält. (Für kleine Seekreuzer.)

2. Niederholer als Talje, das System erleichtert das Dichtholen. Belegen in einer Schotklemme dicht am Mast. (Für kleine Seekreuzer.)

3. Das meistbenutzte System auf Booten bis zu etwa 10 m Länge.

4. Auf größeren Yachten müssen beim Spinnakerfahren größere Kräfte eingesetzt werden. Um die Hebelarmwirkung auszunutzen, werden Toppnant und Niederholer über die Nock des Spinnakerbaums gefahren. Das System kann durchaus auf Booten jeder Größe benutzt werden. Beim Halsen kann der Spinnakerbaum allerdings nicht einfach gedreht werden. Es müssen deshalb zwei Spinnakerbäume, zwei Toppnanten und zwei Niederholer an Bord sein. Trimmen des Spinnakerbaums am Mast mit Lift-Talje.

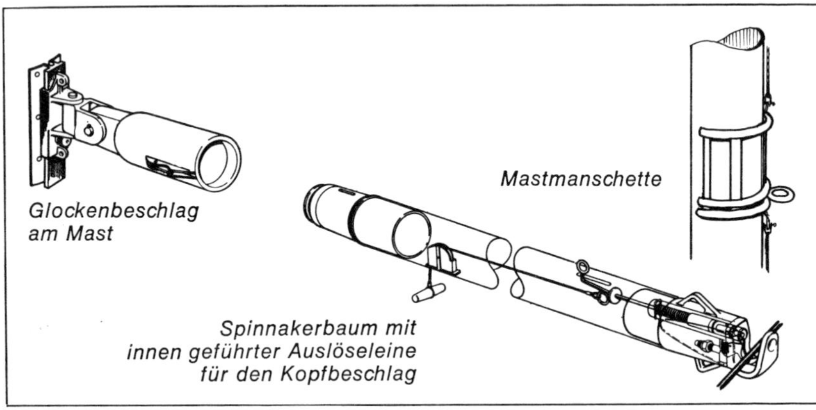

Der Spinnakersack auf dem Vorschiff

Erst jetzt wird der Spinnakersack an Deck geholt und vor dem Vorstag in den Bugkorb gesetzt. Unten am Sack sollte ein Stropp angenäht sein, durch den ein Zeising gezogen werden kann, um den Sack am Vorstagbeschlag, Bugbeschlag oder an einer Klüse zu befestigen. Das Bändsel, das Schothörner und Spinnakerkopf zusammenhält, wird gelöst. Dabei muß man unbedingt darauf achten, daß das Segel nicht so weit aus dem Sack gezogen wird, daß der Wind es erfaßt. Die Luvschot wird in den mit der Öffnung nach oben zeigenden Kopfbeschlag am Spinnakerbaum gelegt und an das eine Schothorn angeschlagen. Die Leeschot wird an das andere Schothorn angeschlagen. Zum Schluß wird das Spinnakerfall an den Spinnakerkopf angeschäkelt. Der Spinnaker ist klar zum Setzen.

Spinnakerfall

Auch das Spinnakerfall muß von der gleichen guten Qualität wie die Schoten sein. Das Fall wird durch einen kräftigen Block mit Wirbelschäkel geschoren, der an der Vorderkante des Mastes, kurz oberhalb des Ansatzpunktes des Vorstages, befestigt und vom Vorstag frei ist. Das Fall kann außen am Mast nach unten geführt werden, und zwar zu einer Winde am untersten Teil des Mastes oder über einen Block ins Cockpit. Das Fall kann auch im Mast nach unten geführt werden, um den Luftwiderstand zu mindern. Es ist sehr wichtig, daß das Fall leicht über Rolle und Blöcke läuft, und man muß bedenken, daß sich mit ihrer Anzahl auch die Friktion erhöht. Wird das Fall nicht benutzt, sollte es am Bugkorb eingehakt werden, um sofort fürs Spinnakeranschlagen zur Hand zu sein.

Eine letzte Kontrolle

Bevor der Spinnaker gesetzt wird, sollte man prüfen, ob Geschirr und Segel in Ordnung sind. Unangenehme Überraschungen können dadurch vermieden werden.

1. Der Spinnaker ist sorgfältig, ohne Vertörnungen, eingepackt.

2. Die Schoten sind außen um Reling, Wanten und Vorstag geschoren.

3. Der Spinnakerbaum sitzt recht hoch an der Mastschiene, und die Luvschot ist durch das äußere Baumende zum Schothorn geführt. Die Öffnung des Spinnakerbaumbeschlages zeigt nach oben, so daß die Schot leicht herausgenommen werden kann, wenn gehalst werden muß. Das ist wichtig, weil der Spinnaker immer nach oben zieht, wenn er voll steht.

4. Der Niederholer ist eingeklinkt. Er darf beim Setzen des Segels nicht zuviel Lose haben, da der Baum hinterher möglichst waagerecht stehen soll. Anderenfalls wird man die Kontrolle über den Spinnaker verlieren. Es wird also nur soviel Lose geholt, wie schätzungsweise nötig, damit der Spinnakerbaum nach dem Setzen die richtige Lage hat. Man kann an den entsprechenden Stellen des Niederholers Markierungen anbringen.

5. Der Toppnant ist an den Spinnakerbaum gesetzt und kann so weit geholt werden, daß das Ende des Spinnakerbaumes am Vorstag liegt, etwa in Höhe der Spinnakersacköffnung.

6. Das Spinnakerfall hat sich am Masttopp nicht vertörnt.

Spinnakersetzen

Für jeden Segler ist der Moment des Spinnakersetzens spannend. Auch bei nur 5 m/sek Wind können, wenn irgend etwas nicht klappt, recht turbulente Augenblicke entstehen. Und bei kräftigem Wind kann es in der Tat gefährliche Situationen geben. Dieser Hinweis soll keine Angst, sondern lediglich angemessenen Respekt vor den Kräften auslösen, die freigesetzt werden, wenn die Segelfläche eines Bootes plötzlich um 150 % vergrößert wird.

Das Wichtigste ist jetzt, daß der Spinnaker sich nicht füllt, bevor er ganz hochgezogen worden ist. Deshalb muß der Mann am Fall das Segel sehr schnell hochziehen, und zwar in Lee von Großsegel und Vorsegel. Aus dem gleichen Grunde ist es auch am besten, das jeweilige Vorsegel beim Spinnakersetzen stehen zu lassen. Es gibt guten Windschutz. Die Fallwinde muß groß genug sein, um schnell das letzte Stück Fall durchholen zu können. Die Luvschot, die von jetzt an Achterholer genannt wird, darf nicht angeholt werden, bevor der Spinnaker oben ist, da sich das Segel sonst bestimmt zu früh füllt. Dagegen kann durchaus die Leeschot, die jetzt Spinnakerschot genannt wird, schon dichtgenommen werden. Ist der Spinnaker oben, wird der Spinnakerbaum in waagerechte Lage gebracht. Der Rudergänger schaut der Arbeit auf dem Vorschiff nicht nur zu. Bevor der Spinnaker gesetzt wird, fällt er bis fast platt vor dem Laken ab und geht erst wieder auf Kurs, wenn der Spinnaker steht und mit Schot und Achterholer richtig getrimmt ist. An den Winschen für Achterholer und Schot müssen Crewmitglieder sitzen, die die Arme frei haben, um kräftig an den Kurbeln arbeiten zu können. Anfänger sollten aus Sicherheitsgründen auf jeden Fall immer bis vor den Wind abfallen, routinierte Segler können durchaus den Spinnaker bei Halbwind-Kurs setzen, vorausgesetzt, der Wind ist nicht zu stark.

Wenn beim Spinnakersetzen etwas schiefgeht, dann meistens folgendes:

1. Der Spinnaker vertörnt sich, er sieht aus wie eine Eieruhr. Man muß jetzt zunachst feststellen, in welcher Richtung das Segel sich vertörnt hat, und dann an dem Liek ziehen, von dem man annimmt, daß es sich enttörnen wird. Der Wirbelschäkel am Kopf wird dabei helfen. Glückt diese

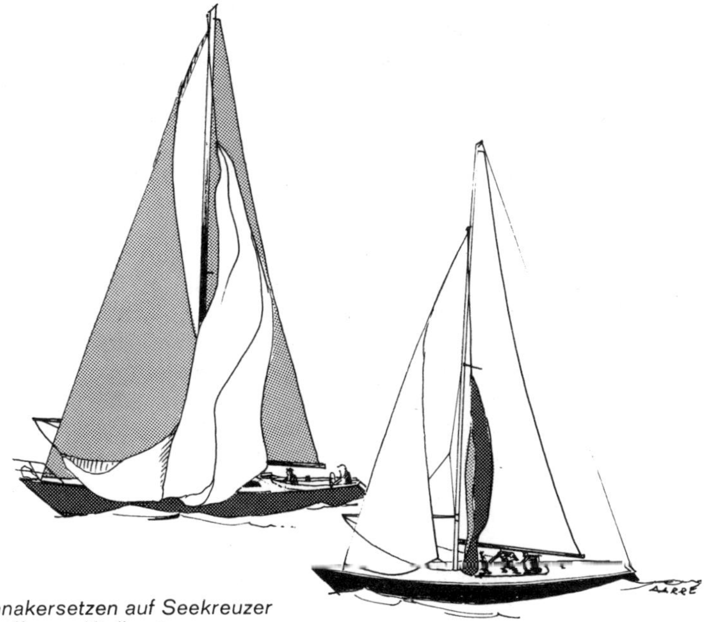

Spinnakersetzen auf Seekreuzer und offenem Kielboot

Methode nicht, vertörnt man den Spinnaker im Gegenteil nur noch mehr, er muß geborgen und neu gesetzt werden.
Ursache: Der Spinnaker wurde nicht sorgfältig zusammengepackt oder Schot bzw. Achterholer in das falsche Horn gesetzt.

2. Der Spinnaker wird in einem Haufen aus dem Sack gezogen und fällt ins Wasser, bevor er hochgeholt werden konnte. Da das Boot Fahrt macht, füllt sich der Spinnaker mit Wasser, und bald hat man ihn achteraus. Die Situation ist eher peinlich als gefährlich. Man stellt schnell fest, daß es

völlig unmöglich ist, den Spinnaker an Bord zu ziehen, da er mit mehreren Tonnen Wasser gefüllt ist. Das Großsegel muß jetzt ganz dichtgeholt oder völlig heruntergenommen werden. Der Achterholer wird über die Winsch gehalten, die Schot losgeworfen. Das Fall wird so weit wie möglich gefiert, und jetzt müßte der Spinnaker zu bergen sein. Auf keinen Fall sollte auch der Achterholer losgeworfen werden, so daß nur noch das Fall den Spinnaker hält und damit der Masttopp. Man würde jede Kontrolle verlieren. Eine andere Möglichkeit ist es, das Fall zu kappen. Verhindert ein Kinken jedoch, daß es durch den Block läuft, ist die Situation sehr schlecht.
Ursache: Zu fest eingesackter Spinnaker, besonders, wenn er naß ist. Und/oder zu kleiner Spinnakersack.

3. Der Spinnaker füllt sich, bevor er hochgeholt ist. Der Bug wird nach unten gedrückt, es ist so gut wie unmöglich, den Spinnaker jetzt noch ganz hochzuziehen. Der Achterholer muß gefiert werden, bis der Spinnakerbaum am Vorstag liegt. Die Schot wird geschrickt, und es wird bis vor den Wind abgefallen. Die Schot wird jetzt noch weiter gefiert, bis der Spinnaker nicht mehr voll steht. Jetzt kann der Spinnaker hochgeholt werden.
Ursache: Beim Spinnakersetzen lag das Boot zu hoch am Wind. Der Wind

---

Der Spinnaker ist gesetzt und wird getrimmt

1. Der Rudergänger bedient die Großschot und steuert aufmerksam. Er achtet darauf, nicht anzuluven, weil dann der Spinnaker einfällt. Ist das der Fall, ist er bereit, abzufallen. Er kann möglicherweise auch den Achterholer fieren. Dichtholen kann er ihn jedoch nicht. Ein zweiter Mann muß helfen. ▶

2. Die Genua wird geborgen.

3. Der Baumniederholer wird nach außen gesetzt und durchgeholt. Das Großsegel wird damit flach und zieht mit gesamter Fläche, außerdem steht es bei See ruhiger.

4. Die Spinnakerschot wird ununterbrochen getrimmt. Das Crewmitglied beobachtet den Spinnaker unter dem Großbaum hinweg. Die Schot ist so lose wie möglich, ohne daß dabei der Spinnaker am Luvliek einfällt. Der Schot-Trimmer kann sich mit der Schot auch ans Luvwant setzen, wo die Sicht am besten ist.

Das Achterstag darf nicht durchgesetzt sein, damit der Mast nicht nach achtern gekrümmt ist und das Heck hochkommt. Das kleine Babystag vorm Mast wird nur an der Kreuz steifgesetzt, um den Mast zu trimmen und im Seegang abzustützen. Vor dem Wind wird es nicht gebraucht, und da es beim Halsen oft dem Spinnakerbaum im Wege ist, kann es vorübergehend an den Mast zurückgenommen werden.

konnte den Spinnaker fassen, obwohl die Genua stand. Es ist auch möglich, daß der Achterholer zu früh geholt wurde. Steht beim Spinnakersetzen kein Vorsegel, besteht immer die Gefahr, daß diese Situation entsteht.

4. Der Spinnaker dreht sich ums Vorstag. Das kann vorkommen, wenn das Boot kurz nach dem Spinnakersetzen von einer Seite zur anderen rollt. Insbesondere bei nassem Wetter klebt der Spinnaker fest am Vorstag und vertörnt sich viele Male. Es wird sehr lange dauern, das Segel klarzubekommen. Meistens wird es überhaupt nicht möglich sein. Natürlich kann das gleiche geschehen, wenn der Spinnaker schon einige Zeit steht, etwa bei wenig Wind und großer Dünung.
Ursache: Der Spinnaker wurde bei Dünung gesetzt, ohne daß dabei ein Vorsegel stand, das die Situation verhindert hätte. Zur Vorbeugung kann zwischen Vorstag und Mast auch ein Spinnaker-Abweiser gefahren werden.

Auf kleineren Kielbooten, Soling, Trias oder Folkeboot, wird der Spinnaker vom Cockpit, vom Leedeck oder aus dem Niedergang heraus gesetzt. Das ist vorteilhaft, da kein Mann aufs Vorschiff geschickt werden muß. Außerdem ist es für die Geschwindigkeit wichtig, daß die Gewichtsverteilung im Boot sich so wenig wie möglich ändert. Und da diese Boote keine Seereling fahren, wird schließlich die Sicherheit der Crew weniger gefährdet. Sämtliches fürs Spinnakerfahren benötigte Tauwerk wird hierfür, wie schon erwähnt, nach achtern zum Cockpit geführt: Toppnant und Niederholer, Lift-Talje für den Schlitten am Mast und Spinnakerfall.
Der Spinnakerbaum kann auch fest in einer Mastmanschette und mit einer Talje auf die richtige Höhe getrimmt werden. Das geht schnell, ist allerdings nur möglich, wenn der unterste Teil des Mastes keine Klampen oder andere Beschläge trägt.

Spinnakerbergen

Genau wie beim Setzen ist es beim Spinnakerbergen wichtig, daß das Segel frei nach Lee auswehen kann. Vor dem Bergen sollte immer die Fock/Genua gesetzt werden, ausgenommen bei schwachen Winden, wo auch falsche Manöver keine Gefahr sind.

1. Der Steuermann fällt ab bis platt vorm Laken.

2. Der Achterholer wird, eventuell vom Steuermann, gefiert, bis der Spinnakerbaum das Vorstag berührt.

3. Ein Mann an Deck faßt die Schot direkt hinter dem Schothorn.

4. Ein zweiter Mann auf dem Vorschiff muß vielleicht den Toppnanten etwas fieren und den Niederholer etwas durchsetzen, damit die Nock des Spinnakerbaums nach unten zeigt und der Achterholer leichter losgemacht werden kann.

5. Das Fall wird klargemacht zum Fieren. Am besten ist es, wenn dafür ein dritter Mann auf dem Vorschiff ist. Wenn keiner da ist, muß der zweite (Punkt 4) diese Aufgabe übernehmen. Ist das Fall zum Cockpit geführt, kann es auch vom Rudergänger gefiert werden.

6. Der Rudergänger oder der Mann am Fall gibt das Kommando zum Spinnakerbergen.

7. Der Achterholer wird gelöst, der Spinnaker weht frei nach Lee aus.

8. Das Fall wird langsam gefiert, gleichzeitig . . .

9. . . . holt der Mann in Lee den Spinnaker unter dem Großbaum ins Cockpit. Am besten holt man das Segel Stück für Stück am Unterliek ein, so schnell wie möglich. Die übrigen Leute auf dem Vorschiff kommen sofort zur Hilfe.

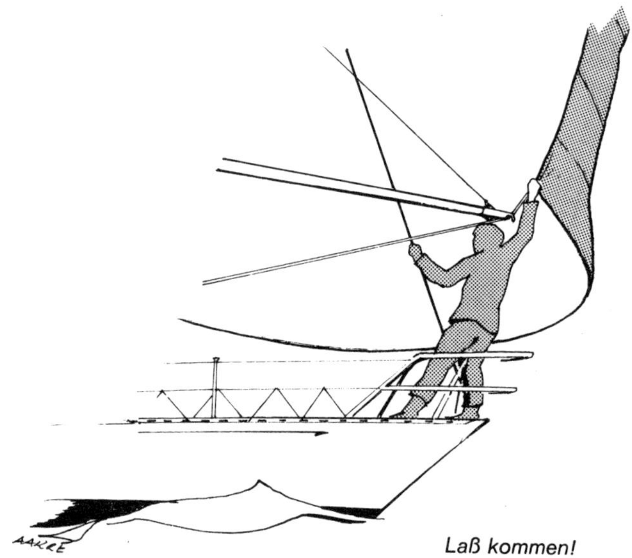

Laß kommen!

10. Fall und Spinnakerbaum werden abgenommen und an ihrem Platz festgemacht.

Es muß darauf geachtet werden, daß das Fall nicht zu schnell kommt, da sonst der Spinnakerkopf zu weit nach Lee ausweht und das Segel wieder Wind fangen kann. Das bedeutet sofortigen Geschwindigkeitsverlust, und der Spinnaker ist dann schwer zu bergen. Er wird schließlich ins Wasser fallen, und einen klitschnassen Spinnaker aus dem Wasser zu ziehen, ist wie gesagt eine schwierige Angelegenheit. Der Spinnaker sollte so weit vorn ins Cockpit gezogen werden wie möglich. Birgt man das Segel

achtern, besteht immer die Gefahr, daß der Wind, der ums Großsegel herumkommt, es faßt und fortwehen läßt.
Auf einem kleineren Boot ist es nicht nötig, den Achterholer auszuklinken. Er wird losgeworfen, läuft durch die Spinnakerbaumnock und wird mit dem Spinnaker eingeholt.
Es muß nun als nächstes schnell aufgeklart werden, da der Spinnaker das Cockpit regelrecht unter sich begräbt. Die Schoten werden losgemacht, am Bugkorb belegt und dichtgeholt. Der Spinnakerbaum wird vom Mast gelöst und an seinen Platz gelegt. Der Spinnaker wird eingesackt.

Spinnakersegeln

Der Spinnaker macht aus einer sonst recht langweiligen Raumschotssegelei eine spannende und schnelle Sache. In keinem Moment darf die Crew jetzt die Aufmerksamkeit verlieren, sondern muß sich auf Trimm von Boot und Segel konzentrieren.

Platt vorm Wind füllt der Wind den Spinnaker zu einer Halbkugel. Zusammen mit dem Sog, der an ihrer äußeren Seite entsteht, wird das Boot vorangebracht. Da der Wind schneller ist als das Boot, entsteht im Spinnaker ein Überdruck, der nach beiden Seiten herausgepreßt wird und die Lieken nach außen drückt.

Die oberen Teile der Lieken werden als Schultern bezeichnet. Ihnen gilt die Aufmerksamkeit. Sie heben den Spinnaker und vergrößern die dem Wind dargebotene Fläche. Der Wind, der über den Spinnaker hinwegweht, produziert eine Strömung, die ebenfalls mithilft, den Spinnaker zu heben. In dem Moment, in dem man nicht mehr platt vor dem Laken, sondern etwas höher segelt, muß der Spinnaker wie eine Genua betrachtet werden. Der Wind trifft dann auf den Spinnaker wie auf ein Vorsegel. Er erreicht zuerst das „Vorliek" und strömt an beiden Seiten des Tuches nach achtern. Je höher zum Wind gesteuert wird, desto schneller ist diese Strömung am Segel, sie gibt zusätzliche Beschleunigung. Daraus wird klar, daß es sich nicht lohnt, platt vorm Wind zu steuern, sondern daß es günstiger ist, etwas anzuluven. Die ganze Wahrheit ist das allerdings auch nicht. Je höher gesegelt wird, desto weniger zieht der Spinnaker voraus. Und da das Boot außerdem beim Anluven mehr krängt, wird der Vortrieb zusätzlich verringert.

Der Vorteil des Spinnakers gegenüber der Genua liegt in seiner viel größeren Segelfläche. Er hat jedoch nicht das gestreckte Vorliek und das flache Achterliek der Genua, die den Wind ein- und austreten lassen. Im Gegenteil, der Spinnaker hat ein unstabiles „Vorliek", und der Spinnakerbauch drückt nach achtern, wodurch das „Achterliek" krumm wird. Es nimmt also die Form an, die nicht gewünscht ist. Gute Spinnaker werden so genäht, daß sie dieser Tendenz entgegenwirken. Es muß angestrebt werden, daß der Spinnaker dem Wind so viel Segelfläche wie möglich bietet und bei jedem Kurs das Boot so viel wie möglich vorauszieht.

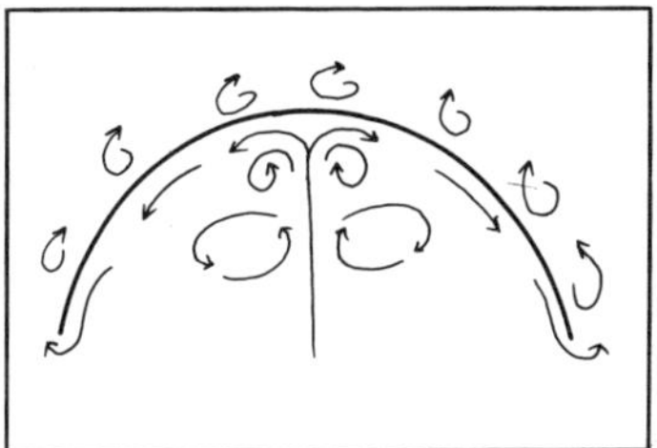

Luftströmung im Spinnaker vorm Wind.

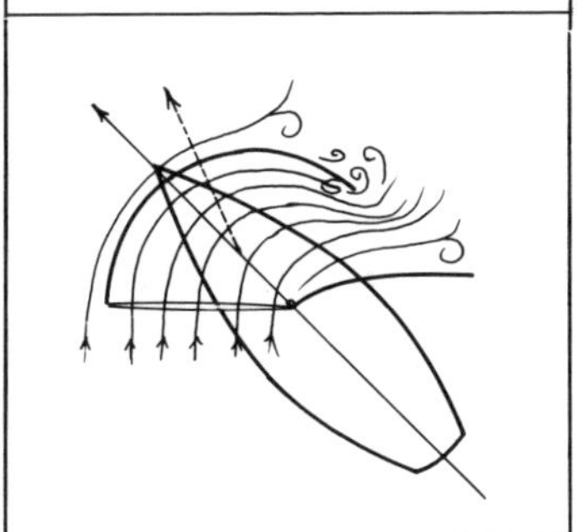

Windeinfall achterlicher als querab. Die gestrichelte Linie zeigt die Richtung, die das Boot einschlagen würde, wenn es keinen Kiel hätte. Sie ergibt sich aus der Wirkung von Vortrieb und Abdrift.

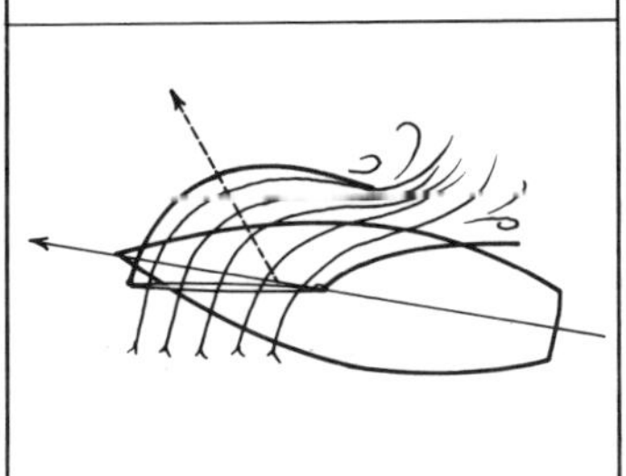

Fast halber Wind. Dieser Spinnaker steht so gut wie möglich. Die Abdrift ist bedeutend stärker geworden, doch das Ergebnis ist mindestens genauso gut wie auf der oberen Zeichnung. Die Strömungsgeschwindigkeit am Segel wächst, je höher am Wind gesegelt wird.

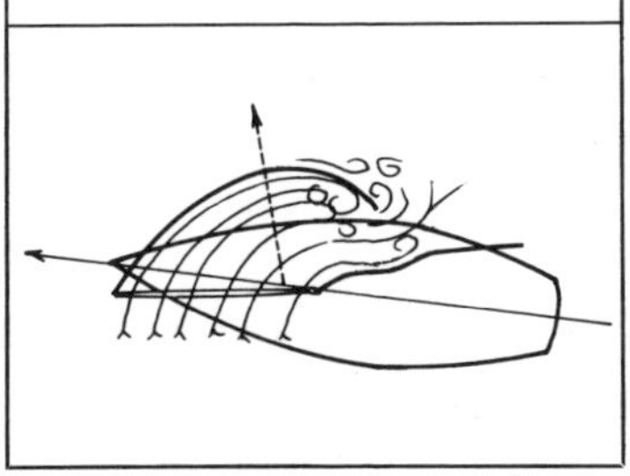

Die Windströmung ist unterbrochen, weil der Spinnakerbauch nach achtern gewandert ist. Die Wirkung ist sehr ungünstig: Die Abdrift nimmt stark zu, und das Boot krängt unter dem deformierten Spinnaker kräftig. Da der Kiel damit teilweise aus dem Wasser kommt, wird die Abdrift zusätzlich verstärkt. Auch der Stand des Großsegels ist deutlich gestört. Einigen Vortrieb wird es allerdings auch jetzt noch geben, da immer noch vor dem Spinnaker ein vorwärts treibender Unterdruck entsteht.

Spinnakerbaum

Ein häufiger Fehler beim Spinnakersegeln ist es, den Spinnakerbaum am Mast zu niedrig zu fahren. Wird er hoch am Mast gefahren, hebt er den Spinnaker. Das Segel bietet dem Wind dann die größte Fläche. Sitzt der

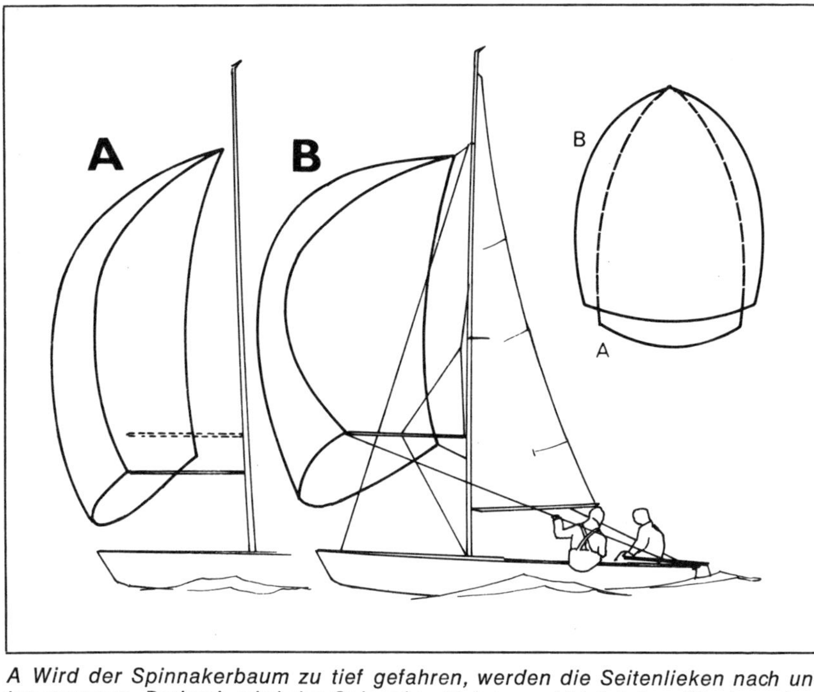

A Wird der Spinnakerbaum zu tief gefahren, werden die Seitenlieken nach unten gezogen. Dadurch wird der Spinnaker kleiner und bietet dem Wind weniger Fläche. Bei sehr leichtem Wind ist die Baumstellung allerdings korrekt, da zum Füllen des Spinnakers weniger Wind nötig ist.

B Unter gewöhnlichen Windverhältnissen ist dieser Spinnaker richtig getrimmt. Er steigt hoch und bietet dem Wind die größtmögliche Fläche. Der Baum steht waagerecht, und die Schothörner sind auf gleiche Höhe getrimmt. Hängt das Leeschothorn tiefer, wird das Großsegel verwinden und an Effektivität einbüßen.

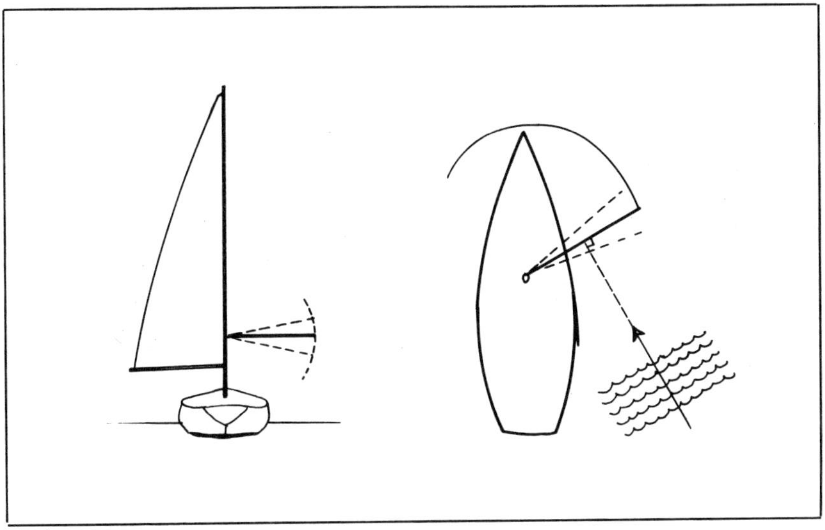

Spinnakerbaum zu niedrig, wird das Luvliek sich außerdem krümmen, so daß der Wind an der falschen Seite angreifen kann und der Spinnaker zusammengedrückt wird. Anders bei sehr schwachem Wind, wo es vor allem darum geht, den Spinnaker voll stehen zu haben. Wird dabei der Spinnakerbaum tief gefahren, kann das Segel auch mit wenig Wind gefüllt werden. Zieht der Spinnaker erst, kann immer noch versucht werden, den Baum so weit nach oben zu trimmen, daß die optimale Fahrt erreicht wird.

Im Prinzip sollte der Baum waagerecht stehen, in dieser Position wird der Spinnaker am weitesten ausgebaumt. Jede Neigung nach unten oder nach oben wäre eine sinnlose „Verkürzung" des Spinnakerbaums (oben links). Der Spinnakerbaum soll im rechten Winkel zum wahren Wind gefahren werden — also nicht zum scheinbaren Wind, der am Stander oder an Instrumenten abgelesen werden kann. Den wahren Wind kann man beispielsweise an den Wellen ablesen (oben rechts). Beim Segeln wird das Luvliek beobachtet. Das Segel zieht am meisten, wenn es kurz vorm Einfallen ist. Das ist der Fall, wenn es anfängt zu killen.

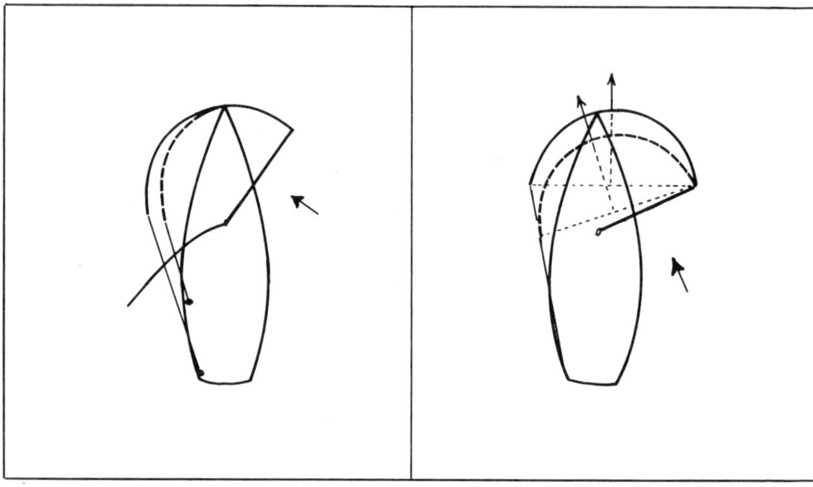

Die Holepunkte der Schoten müssen so weit achtern wie möglich plaziert sein. Der Abstand zwischen Spinnaker und Großsegel und die Spinnakersegelfläche sind optimal.

Der gestrichelte Spinnaker ist zu dicht geschotet. Er zieht unnötig nach Lee. Mit geschrickter Schot wird der Spinnaker bei diesem Wind durchaus stehen und mehr Vortrieb bringen.

Schotführung

Genauso wichtig wie der Trimm des Spinnakerbaums sind Führung und Trimm der Schoten (Schot und Achterholer). Ihre Holepunkte sollten so weit achtern wie möglich plaziert sein, damit der Spinnaker steigen kann. Außerdem wird damit der Abstand zum Großsegel vergrößert, der Spinnaker steht weniger im Windschatten. Die Schoten werden weitmöglichst gefiert. Bei viel Wind müssen die Holepunkte nach vorn verlegt werden, damit der Spinnaker ruhig steht. Er würde andernfalls unkontrolliert von einer Seite zur anderen pendeln.

Oft ist der Spinnakerschot der Großbaum im Wege. Die Schot kann unter oder über dem Baum geführt werden, bei letzterem drückt die Schot gegen das Achterliek des Großsegels. Das Steigen des Spinnakers wird dabei allerdings nicht beeinträchtigt.

In der Regel wird ein bestimmter Kompaßkurs gesteuert, Schot und Achterholer müssen also dementsprechend getrimmt werden. Da der Wind nicht konstant ist, wird die Schot ununterbrochen geholt und gefiert, so daß das Luvliek immer so weit wie möglich am Wind steht und der Spinnaker maximale Zugkraft gibt. Schralt der Wind überdurchschnittlich viel, muß auch der Achterholer getrimmt werden. Es sollte allerdings nur dann getan werden, wenn es zum Halten des Spinnakers nötig ist. Oft ist es besser, wenn der Rudergänger so weit abfällt, daß der Wind wieder raumer kommt. Ist die Winddrehung dagegen von anhaltender Natur, ist es nötig, den Achterholer zu fieren. Raumt der Wind, luvt der Rudergänger an, der Achterholer wird geholt. Fällt der Spinnaker bei flauem Wind ein, genügt meistens ein wiederholter kurzer Ruck an der Schot, um den Spinnaker wieder zum Stehen zu bringen.

Anluven unter Spinnaker

Der höchste Kurs, der mit einem normalen Spinnaker gesteuert werden kann, liegt bei 55—60 Grad scheinbarem Windeinfall. Es ist immer ein spannender Versuch, unter Spinnaker so viel Höhe zu laufen. Mit einem speziell für Am-Wind-Kurse geschnittenen Spinnaker, beispielsweise mit einem Starcut (s. S. 80), ist es möglich, in noch spitzerem Winkel zum Wind zu segeln, etwa bis zu 40 Grad Windeinfall. Der normal geschnittene Spinnaker ist dafür nicht geeignet. Er muß gegen die Genua ausgetauscht werden. Steht der Spinnakerbaum schon am Vorstag, damit der Spinnaker überhaupt noch gefahren werden kann, lohnt sich das Segel meistens nicht mehr. Sein vorderer Teil wird vorausziehen, der hintere bremsen. Gleichzeitig krängt das Boot kräftig, was Abdrift und Fahrtverlust bedeutet. Schließlich muß das Großsegel dichter gefahren werden als eigentlich erforderlich, weil die Luftströmung vom Spinnaker den Stand des gefierten Großsegels stört. Man muß also genau feststellen, bis zu welchem Punkt es sich lohnt, den Spinnaker stehen zu lassen. Auch bei Am-Wind-Kursen wäre es falsch, den Spinnakerbaum nach unten zu trimmen, um das Luvliek zu strecken. Das Liek wird wie bei Raumkurs herumgeklappt. Der Spinnakerbaum muß auch jetzt so hoch wie möglich gefahren werden. Das gilt allerdings nicht für den Starcut.
Bei Spinnakerkursen am Wind krängt das Boot schon bei leichter Brise.

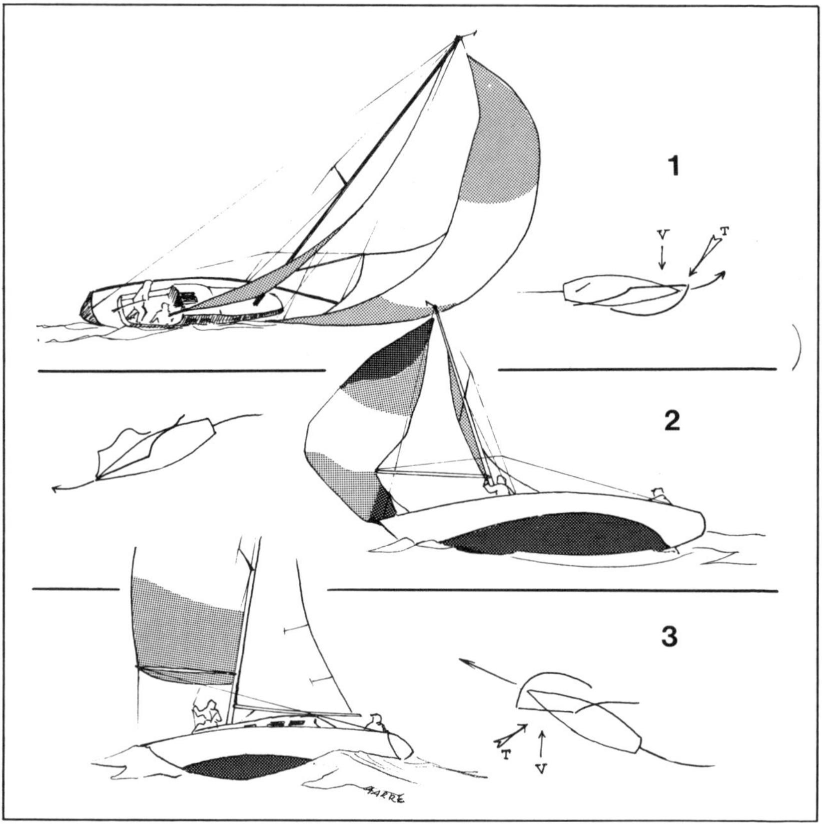

Es wird luvgierig, und einiger Kraftaufwand ist erforderlich, es auf Kurs zu halten. Das Ruder muß fast quer gestellt werden und wirkt deshalb als starke Bremse. Wird jetzt die Kontrolle über das Boot verloren, muß sofort die Schot gefiert werden. Der Winddruck läßt nach, und das Boot kann abfallen.

1. Der Wind ist zu stark, als daß es sich lohnt, so hoch am Wind zu spinnakern. Das Boot ist schwierig zu steuern und luvgierig. Der scheinbare Wind (T) hat einen Einfallswinkel von 55 Grad, und nur ein Starcut kann jetzt noch stehen. V ist der wahre Wind.

2. Der Wind packt an der falschen Seite des Spinnakers zu, das Segel klappt zusammen. Spinnakerschot und Großschot müssen sofort gefiert werden. Der Rudergänger bekommt das Boot wieder unter Kontrolle und kann abfallen. Da das Boot stark arbeitet und das Segel laut schlägt, erscheint die Situation oft dramatischer, als sie ist. Der Achterholer darf auf keinen Fall losgeworfen werden, da der Spinnaker sonst weit nach Lee ausweht und schwer zu kontrollieren ist. Es ist sehr schwierig, das Schothorn dann wieder bis an den Spinnakerbaum heranzuziehen.

3. Das Boot fällt ab auf 75 bis 80 Grad scheinbaren Windeinfall, ein Kurs, der für den normalen Spinnaker effektiver und stabiler ist. Muß höher am Wind gesegelt werden, ist es in dieser Situation günstiger, den Spinnaker gegen Genua oder Reacher auszuwechseln.

Viel Wind

Bei Wind über 10 m/sek ist es selbst für routinierte Segler nicht mehr möglich, derart hoch am Wind zu segeln. Spinnakern raumschots oder platt vorm Laken ist dagegen auch bei viel Wind möglich, erfordert jedoch viel Aufmerksamkeit und Anstrengung der ganzen Crew. Unter Spinnaker kann das ganze Boot zu geigen anfangen. Das Ergebnis kann eine gefährliche Patenthalse sein oder das Eintauchen des Spinnakerbaumes in Luv, was starkes, plötzliches Abbremsen bedeutet. Es ist auch möglich, daß das Boot so stark anluvt, daß der Spinnaker heftig schlägt und als Folge der Mast bricht. Hat man eine Bullentalje gesetzt oder fährt man den Baumniederholer am Schandeck, ist es besonders kritisch, wenn der Wind an der Leeseite des Großsegels anpackt. Andererseits ist eine kräftige, dichtgeholte Bullentalje (Niederholer) sehr wichtig, um eine Patenthalse zu vermeiden und um Verwindung des Großsegels zu beseitigen, die in hohem Grad dazu beiträgt, das Boot zum Geigen zu bringen.
Bei viel Wind gelten unter Spinnaker folgende Regeln:

Das Boot beginnt gefährlich von einer Seite zur anderen zu geigen. Der Achterholer ist so weit dichtgeholt, daß der Spinnakerbaum im rechten Winkel zur Längsachse der Yacht steht. Der Spinnaker zieht den Masttopp nach Luv. Der Achterholer muß sofort gefiert und die Schot dichtergeholt werden, so daß der Spinnaker mitten vor dem Boot steht. Der Baumniederholer ist durchgesetzt, damit das Großsegel sich nicht verwindet.

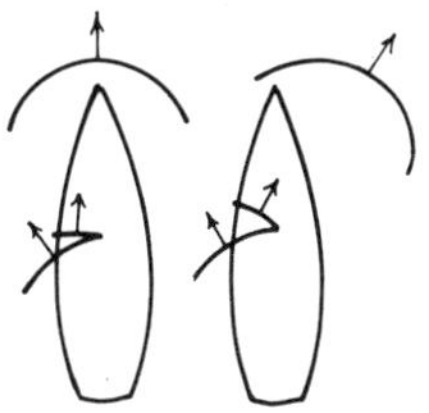

Ist der Spinnaker nach Luv getrimmt und steht das Großsegel nicht flach, weil der Baumniederholer nicht durchgesetzt ist, beginnt das Boot unkontrolliert zu geigen. Diese Gefahr ist auf dem linken Boot bedeutend geringer.

1. Der Rudergänger muß sich häufig nach achtern umdrehen, um festzustellen, ob sich Böen nähern. Kurz bevor eine Bö das Boot erreicht, wird Gegenruder gegeben, damit das Boot nicht anluvt.
2. Der Spinnaker muß vor dem Boot stehen, mit möglichst gleich viel Segelfläche an beiden Seiten der Mittschiffsachse. Das bedeutet, daß der Achterholer gut gefiert ist. Steht der Spinnaker in Luv, weil der Spinnakerbaum rechtwinklig zur Längsachse getrimmt wurde, wird das Boot unweigerlich anfangen zu geigen.
3. Der Holepunkt der Schot muß weiter nach vorn verlegt werden. Dafür kann ein Snatchblock benutzt werden, zu dem die Schot mit einem Tampen heruntergezogen wird. Hat man an jeder Seite Schot und Achterholer, kann der unbenutzte Achterholer in Lee auch für das Vorverlegen des Holepunktes verwendet werden.
4. Der Baumniederholer muß kräftig durchgesetzt werden, um eine Verwindung des Großsegels zu verhindern.

Für das Spinnakern bei viel Wind ist es vorteilhaft, einen Sturmspinnaker zu besitzen. Ein Starcut kann auch verwendet werden. Natürlich kann der Wind so hart werden, daß es zu riskant ist, überhaupt einen Spinnaker zu führen. Dann kann eine Fock/Genua mit Hilfe des Spinnakerbaums nach Luv ausgebaumt werden. Das Boot liegt ruhiger und ist leichter zu steuern. Um die Geschwindigkeit noch mehr zu steigern, kann zusätzlich in Lee eine zweite Genua fliegend gesetzt werden. Die Genua wird dafür nicht direkt am Vorstag angeschlagen, sondern „fliegt" wie ein Spinnaker. Das Fall wird nicht ganz zu Blocks geholt.

Ohne Kontrolle

Geht alles an Bord schief, etwa wenn das Boot stark anluvt, der Spinnaker durchs Wasser zieht und das Cockpit volläuft, ist die Gefahr, daß die Crew außenbords geht, außerordentlich groß. Stürzt das Wasser ins Cockpit, entsteht ein Vakuum. Die Crew wird regelrecht herausgesogen und kann sich nicht mehr festhalten. Deshalb ist es ein unbedingtes Muß, daß die Crew angeleint ist und Rettungswesten trägt. Luken und Niedergang müssen fest verschlossen sein.

Platzverteilung der Crew

Die beste Plazierung der Crew an Bord ist je nach Wetter unterschiedlich. Bei flauen Winden und vorm Wind ist es oft nützlich, das Boot ein wenig nach Luv zu krängen, damit der Spinnaker leichter vollsteht. Es ist auch vorteilhaft, das Gewicht vom Heck weg zu verlagern, damit das Wasser besser abläuft. Ein Crewmitglied wird dann beispielsweise mittschiffs auf der Luvseite plaziert, ein anderes auf dem Vorschiff. Je mehr Wind, desto achterlicher sollte die Crew sich aufhalten. Der enorme Zug des Spinnakers wird sonst den Bug nach unten ins Wasser drücken, was Fahrtverlust und schwieriges Steuern bedeutet.

Halsen

Das Halsen unter Spinnaker muß in exakter Zusammenarbeit aller Crewmitglieder vorgenommen werden. Es kann sonst zu völligem Durcheinander führen. Bei viel Wind wird kaum jemand ohne Anspannung oder Nervosität an das Halsen gehen. Die einzige Möglichkeit, solche Ängstlichkeiten zu beseitigen, ist wiederholtes Training dieses Manövers. Bei schwachen und mittleren Winden gilt es, so zu halsen, daß der Spinnaker während des Manövers ununterbrochen zieht. Bei viel Wind dagegen kommt es darauf an, daß das Halsen überhaupt glückt und die Kontrolle über das Boot nicht verloren wird. Man muß sich klarmachen, daß dabei an Bord eine völlige Umkrempelung, eine regelrechte Revolution vor sich geht. Das Tauwerk, das unter Zug steht, ist plötzlich unbelastet und um-

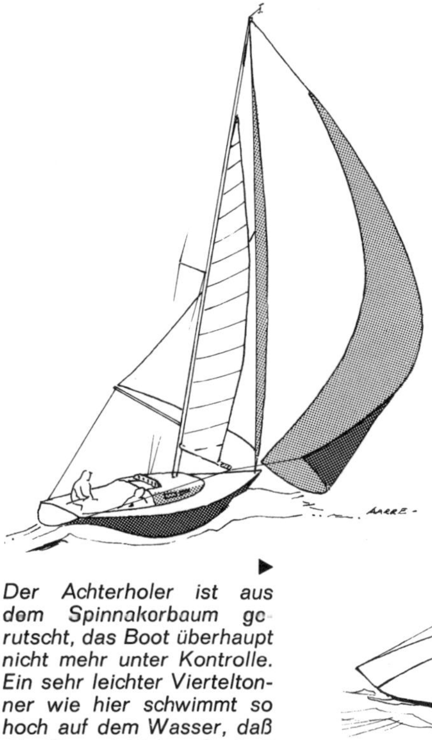

◀
Vor dem Wind mit ausgebaumter Genua und einer zweiten, „fliegend“ gesetzt.

▶
Der Achterholer ist aus dem Spinnakerbaum gerutscht, das Boot überhaupt nicht mehr unter Kontrolle. Ein sehr leichter Vierteltonner wie hier schwimmt so hoch auf dem Wasser, daß die See nicht ins Cockpit läuft.

gekehrt. Nicht selten meint ein Skipper, das Halsen mit lauten Kommandos über die Bühne kriegen zu können: „Fieren!“, „Dichtholen!“, „Nein, da nicht!“ Was fieren und wieviel fieren?
Die Vorschiffscrew muß wissen, was beim Halsen passiert. Beispielsweise, daß der Spinnakerbaum nachher unter starkem, nach oben gerichtetem Druck steht und daß der Wind den Spinnaker auf dem neuen Bug wieder

mit voller Kraft hebt. Ist dann der Niederholer nicht genug durchgesetzt, ist der Spinnaker schwierig zu trimmen. Man sollte deshalb an Niederholer, Toppnant, Schot und Achterholer Markierungen anbringen, mit deren Hilfe im voraus richtig gefiert, dichtgeholt und festgesetzt werden kann. Oft schenkt der Rudergänger der Arbeit auf dem Vorschiff zu viel Aufmerksamkeit und vernachlässigt dabei das Steuern. Korrektes Rudergehen ist für die Leute auf dem Vorschiff jedoch viel hilfreicher. Abfallen und Halsen müssen genau zum richtigen Zeitpunkt erfolgen. Ist der Großbaum übergegangen, luvt das Boot häufig an, der Steuermann muß dann sofort Gegenruder geben.
Die üblichsten Halsemanöver unter Spinnaker:

A **Halsen bei leichtem Wind**

1. Ein Crewmitglied stellt sich dicht vor den Mast an Deck, das Gesicht nach achtern. Mit einer Hand zieht es das Leeschothorn heran und . . .
2. . . . löst mit der anderen den Spinnakerbaum vom Mast und setzt ihn in die Schot. Der Spinnakerbaum ist jetzt an beiden Seiten am Segel eingeklinkt, der Mann steht vor dem Baum und hält ihn mit beiden Händen.
2.—3. Der Rudergänger nimmt das Großsegel ein wenig dichter, um dem Spinnaker Wind zu geben. Er fällt ab, greift dabei in die Großschot, so dicht am Baum wie möglich, und läßt das Großsegel übergehen.
3. Der Mann an Deck klinkt den Spinnakerbaum an der alten Luvseite aus und setzt ihn in dem Moment, in dem der Großbaum überkommt, in den Mast. Der neue Achterholer wird eingestellt, und das Halsen ist beendet.

B **Halsen bei viel Wind**

1.—2. Der Rudergänger fällt ab bis platt vorm Laken, der Achterholer wird gefiert, bis der Spinnaker in Lee des Großsegels steht.
3. Der Spinnakerbaum wird an beiden Enden losgemacht und an Schot und Mast angeschlagen. Sitzt der Spinnakerbaum am Mast, holt der Rudergänger das Großsegel ein Stück dicht, um das Boot besser zu trimmen.
4. Der Rudergänger fällt weiter ab, und es wird gehalst. Je mehr Wind,

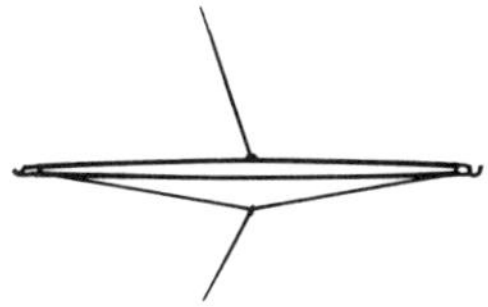

Halsen auf kleinen Seekreuzern und offenen Kielbooten

Der Spinnakerbaum ist an beiden Enden gleich, Toppnant und Niederholer greifen an seiner Mitte an.

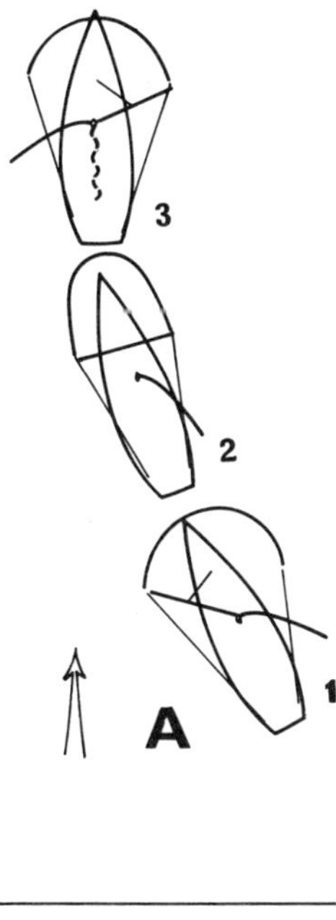

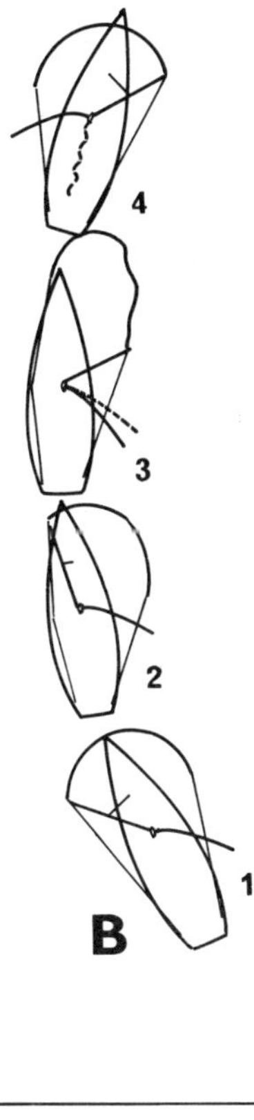

desto schwieriger ist es für den Steuermann, das Boot abfallen zu lassen, es ist einige Kraft nötig, um durch den Wind zu gehen. Ist der Baum übergegangen, muß schnell Gegenruder gegeben werden, um zu verhindern, daß das Boot unkontrolliert anluvt.
Am besten wird das Halsen gelingen, wenn das Boot maximale Geschwindigkeit läuft. Der Moment nach einer Gleitperiode ist ungünstig, weil der Druck auf den Segeln groß ist, die Fahrt jedoch kurzfristig abnimmt. Am besten ist es, in einer Pause zwischen den Böen zu halsen.

C **Halsen mit einem Spinnakerbaum und extra Niederholern**

Auf größeren Booten muß der Spinnakerbaum am Mast kräftiger befestigt werden. Er wird in einen Glockenbeschlag gesteckt. Das Halsen ist auf kleineren Booten etwas komplizierter als bisher beschrieben. Der Spinnakerbaum kann nicht einfach umgedreht werden. Sobald er am Achterholer ausgeklinkt wird, hebt sich bei größeren Spinnakern das Schothorn derartig, daß es mit der Hand nicht mehr gehalten werden kann. Deshalb kann man in beiden Ecken des Spinnakers einen Tampen als Extraniederholer fahren. Es wird schwierig sein, mit dieser Methode den Spinnaker während des ganzen Manövers gleichmäßig ziehen zu lassen. Dafür ist sie sicher.
1.—2. Der Spinnakerbaum wird völlig herausgenommen, und da der zusätzliche Niederholer den Spinnaker in Luv hält, zieht der Spinnaker weiter. Stellt sich der Spinnaker ganz nach Lee (Zeichnung C 2), kann er durch Anholen des Achterholers wieder in den richtigen Stand gebracht werden.
3. Die Schot wird etwas gefiert, der Spinnakerbaum an Schot und Mast angeschlagen. Der neue Niederholer wird ein Stück eingeholt.
4.—5. Jetzt wird normal gehalst. Der Niederholer im Schothorn wird losgemacht, der Achterholer eingestellt.

D **Halsen mit zwei Spinnakerbäumen**

Auf großen Yachten werden zwei Spinnakerbäume benötigt. Auch auf kleinen Booten kann man zwei Bäume verwenden. Sie bieten große Vor-

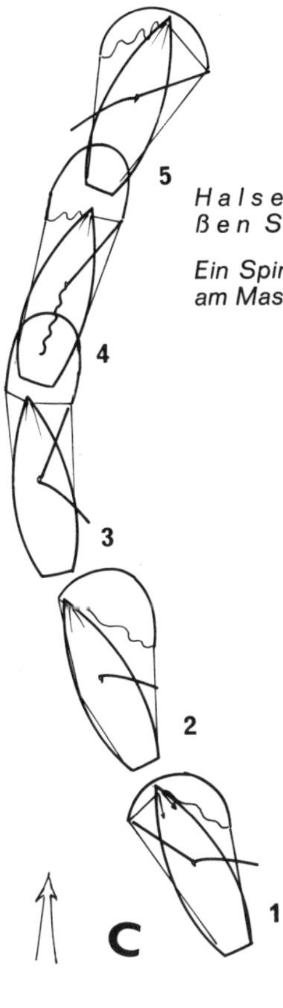

Halsen auf einem mittelgroßen Seekreuzer

Ein Spinnakerbaum, ein Glockenbeschlag am Mast, extra Niederholer am Spinnaker

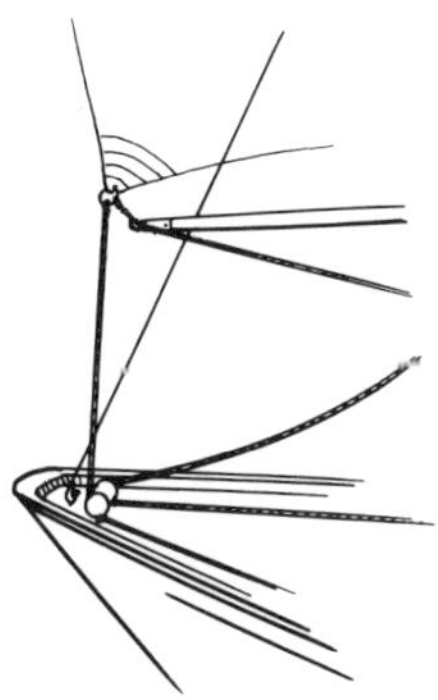

Der zweite Niederholer sitzt direkt im Schothorn

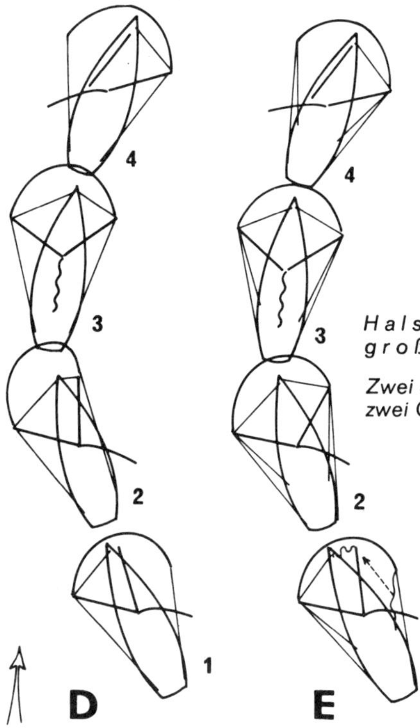

Halsen auf einem großen Seekreuzer

Zwei Spinnakerbäume und zwei Glockenbeschläge am Mast

teile. Außerdem ist damit immer ein Reservebaum an Bord. Allerdings müssen dann auch zwei Toppnanten, zwei Niederholer und zwei Glockenbeschläge am Mast vorhanden sein.

1. Das Geschirr für den zweiten Spinnakerbaum wird vorbereitet. Der Spinnakerbaum wird in den unteren Glockenbeschlag gesetzt — der

Halsen mit zwei Spinnakerbäumen bei mittleren Winden (D)

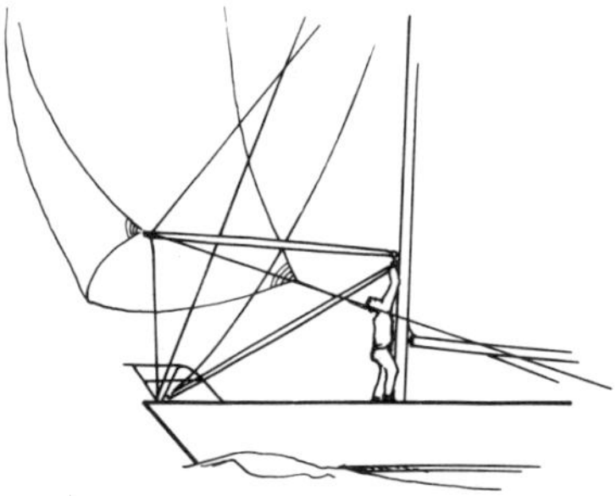

1. Der zweite Spinnakerbaum wird vorbereitet.

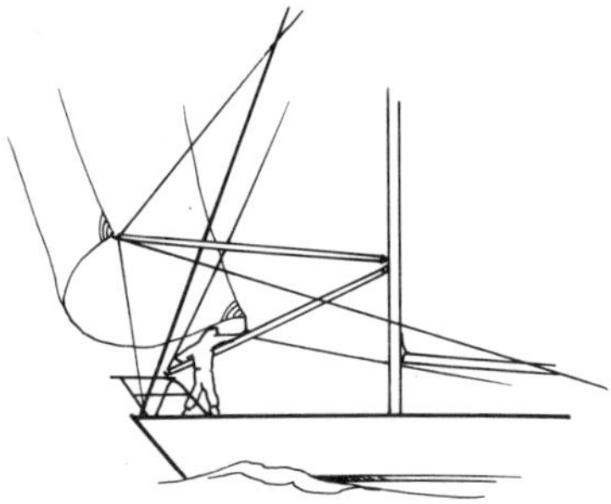

2. Die Schot wird gelöst und in den neuen Spinnakerbaum geklinkt.

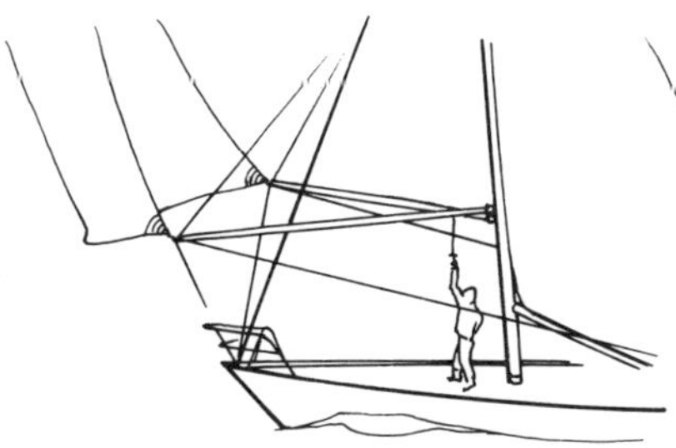

3. Beide Spinnakerbäume sind in Position, so daß gehalst werden kann. Die Reißleine wird gezogen, der erste Spinnakerbaum wird gelöst.

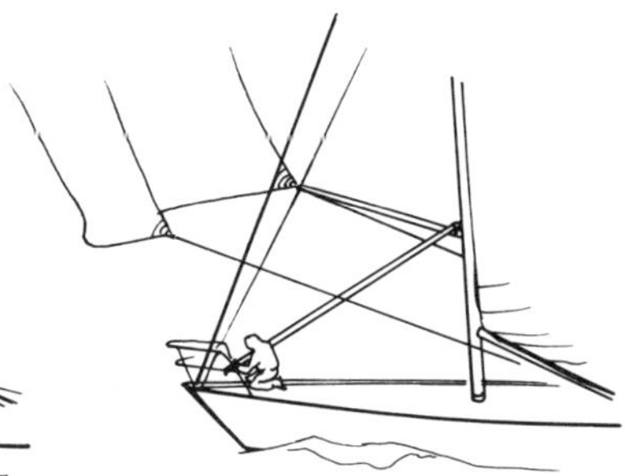

4. Der erste Spinnakerbaum wird an Deck gelegt.

erste Baum, der in Funktion ist, wird stets im oberen gefahren —, das andere Ende des Spinnakerbaums liegt im Bugkorb.
2. Die Schot wird gefiert und in den zweiten Spinnakerbaum geklinkt. Der Baum wird angetoppt und der Niederholer eingestellt.

Seekreuzer bei 6–7 Windstärken. Der etwas kleinere, flache Starcut ist bei diesem Wind richtig. Allerdings ist die Besegelung bei diesem Wetter nur etwas für Routinierte.
Die Halse kann nur gelingen, wenn zwei Spinnakerbäume und je zwei Schoten und Achterholer an Bord sind. Es ist verhältnismäßig einfach, den neuen Spinnakerbaum an Steuerbord vorzubereiten und den Leeachterholer einzuklinken. Der Spinnaker steht direkt vor dem Schiff, damit es nicht geigt. Die Crew sitzt achtern, um den Bug herauskommen zu lassen und damit außerdem das Boot nicht unkontrolliert anluvt. Das Großsegel ist gerefft und ein Stück dichtgeholt. Von der Großbaumnock zum Schandeck ist eine Bullentalje gesetzt.
Bei dieser Segelei besteht die Gefahr, daß Bug und Vorschiff unterschneiden. Es ist dann nicht möglich, den Spinnaker zu bergen. Der Achterholer wird so weit gefiert, daß der Spinnakerbaum am Vorstag anliegt, die Schot wird gefiert, bis der Winddruck auf den Spinnaker nachläßt. Jetzt ist es Zeit, den Spinnaker gegen eine ausgebaumte Fock auszutauschen.

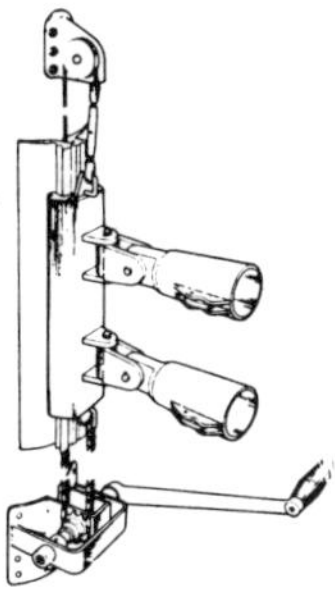

Zwei Glockenbeschläge, mit Gelenken auf den Mastschlitten gesetzt. Trimmen mit Kurbel und Kettenzug.

3. Der Spinnaker hat jetzt zu beiden Seiten einen Baum; es wird gehalst.
4. Der erste Spinnakerbaum wird losgemacht und an Deck gelegt.

E **Halsen mit zwei Spinnakerbäumen und doppelter Schotführung**

Bei viel Wind ist es schwierig, wie oben beschrieben die Schot kurz vor dem Halsen in den zweiten Spinnakerbaum einzupicken. Es können deshalb auf jeder Seite Schot und Achterholer gefahren werden. Wie in der Zeichnung E 1 gezeigt, kann dann der freie Achterholer leicht in den zweiten Spinnakerbaum gesetzt werden. E 2, 3 und 4 verdeutlichen das Manöver. Doppelte Schoten und Achterholer haben außerdem den Vorteil, daß mit ihnen die Holepunkte leichter verlegt werden können. Der Achterholer in Lee kann vorübergehend als Schot gefahren werden, die Schot ist so entlastet, während ihr Holepunkt versetzt wird.

Spinnakerwechsel

Muß ein Spinnaker gegen einen anderen ausgetauscht werden, beispielsweise ein Normalspinnaker gegen einen Starcut, geht viel Zeit verloren. Sind zwei Spinnakerfallen an Bord, geht der Wechsel sehr viel schneller:

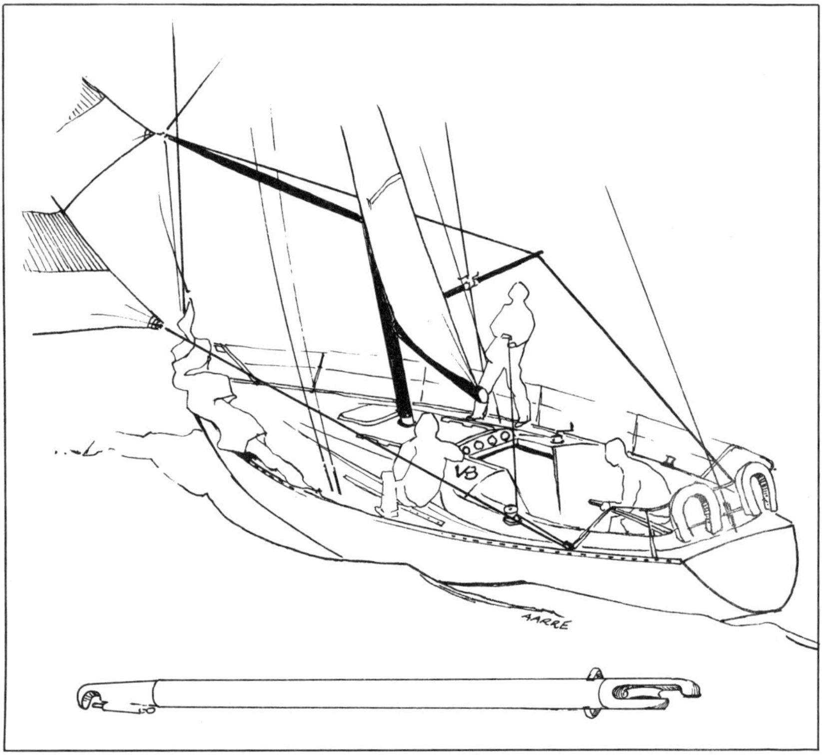

Jockey Pole

Abweiser, der den Achterholer frei von Want und Seereling hält und Schamfilen verhindert. Es ist eine kurze Spiere, an deren einem Ende ein Kopfstück mit Ausklinkvorrichtung, wie am Spinnakerbaum, sitzt, am anderen eine Scheibe, auf der der Achterholer „reitet". Daher der Name „Jockey".

Bei Spinnakerkursen hoch am Wind, bei denen der Spinnakerbaum am Vorstag liegt, erleichtert der Jockey Pole außerdem das Dichtholen des Achterholers. Der Jockey Pole wird seitlich am Mast in ein Auge gesetzt, das in Höhe des Achterholers angebracht ist. Er kann, wenn nötig, mit einem Zeising ans Want gebunden werden, um auf Position gehalten zu werden. Wer schon einmal mit Jockey Pole gefahren ist, möchte ihn an Bord nicht mehr missen.

Auf der Zeichnung steht der Mann, der die Schot trimmt, in Luv, um stets gute Sicht zu haben. Bei mehr Seegang muß er sich hinhocken.

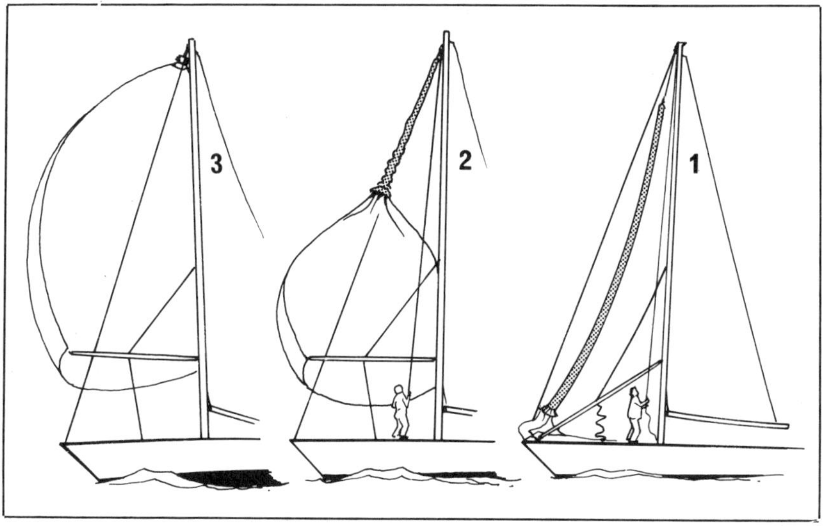

Spinnakerschlauch – für offene Kielboote und kleinere Seekreuzer. Der Spinnaker ist durch einen Schlauch aus leichtem Spinnakertuch gezogen, der unten einen kräftigen Trichter hat.

1. Schot und Achterholer mit Spinnakerbaum werden eingeklinkt, der Spinnaker im Schlauch wird hochgezogen.

2. Mit einer endlosen Holeleine, die von oben nach unten durch den Spinnakerschlauch und wieder zurück läuft, wird der Schlauch hochgezogen. Der Spinnaker entfaltet sich.

3. Der Spinnaker steht, der Schlauch bleibt zusammengezogen am Topp. Die Holeleine wird belegt, beispielsweise an der Reling.

Für das Bergen wird der Achterholer gefiert, bis der Spinnakerbaum am Vorstag steht, nicht weiter. Der Spinnakerbaum wird abgetoppt und die Schot gefiert, bis der Spinnaker nicht mehr voll steht. Der Schlauch wird mit der Holeleine über den Spinnaker gezogen. Das Fall wird gefiert. Der Spinnaker ist setzklar, ohne noch einmal neu aufgetucht werden zu müssen.

Vorteile des Spinnakerschlauchs:

Sicher beim Segeln mit der Familie und unerfahrener Crew. Der Spinnaker kann sich nicht vertörnen. Der Spinnaker ist leicht zu bergen und landet nicht im Wasser. Der Spinnaker muß nur neu aufgetucht werden, wenn er naß ist. Mehrfaches Setzen und Bergen während einer Regatta geht schnell, da der Spinnaker immer setzklar ist. Der Spinnaker kann vor einem Start oder vor einer Wendemarke frühzeitig hochgezogen werden, ohne daß Fahrt verlorengeht.

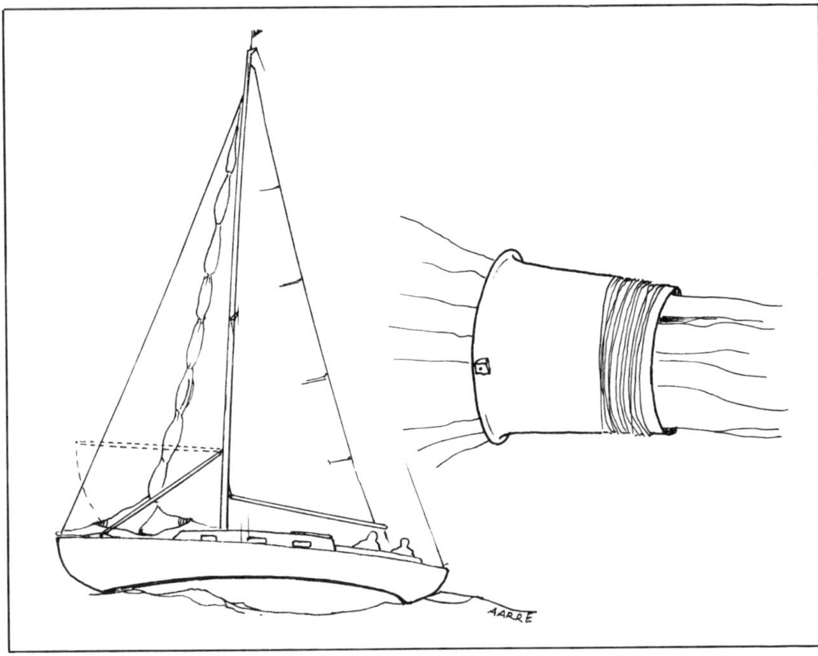

Auftuchen mit Gummibändern – für alle Bootstypen. Die Idee ist alt und wird heute wieder angewendet. Früher benutzte man dünne Fäden. Wurde der Spinnaker hochgezogen, rutschten sie jedoch häufig ab. Heute nimmt man normale Haushaltsgummibänder. Sie werden über eine Plastikpütz mit herausgeschnittenem Boden gespannt. Der Spinnaker wird durch die Pütz gezogen, und in Abständen von 0,75 bis 1 m läßt man ein Gummiband abrutschen. Der Spinnaker kann nun einfach hochgezogen werden, ohne frühzeitig auszuwehen. Er kann auch rechtzeitig vor einem Spinnakerstart oder einer Wendeboje hochgezogen werden. Holt man Achterholer und Schot an, springen die unteren Gummibänder auf. Der Wind faßt ins Tuch, und die übrigen Gummibänder reißen.

Der neue Spinnaker wird gesetzt, bevor der alte heruntergenommen wird.
1. Der Spinnakersack wird an Deck gebracht und an Bugbeschlag oder Reling festgebunden. Das Luvschothorn des neuen Spinnakers wird so

hoch wie möglich ans Vorstag gebändselt, Fall und Schot werden eingeklinkt.
2. Der Spinnaker wird hochgezogen. Die Schot kann schon jetzt dichtgenommen werden, so daß der neue Spinnaker im alten steht. Der Achterholer des alten Spinnakers wird gefiert und der Spinnakerbaum etwas abgetoppt. Der Schnappschäkel des Achterholers kann jetzt aufgerissen werden, der alte Spinnaker weht aus. Der Achterholer — und mit ihm der Spinnakerbaum — wird an das Schothorn des neuen Spinnakers angeschlagen.

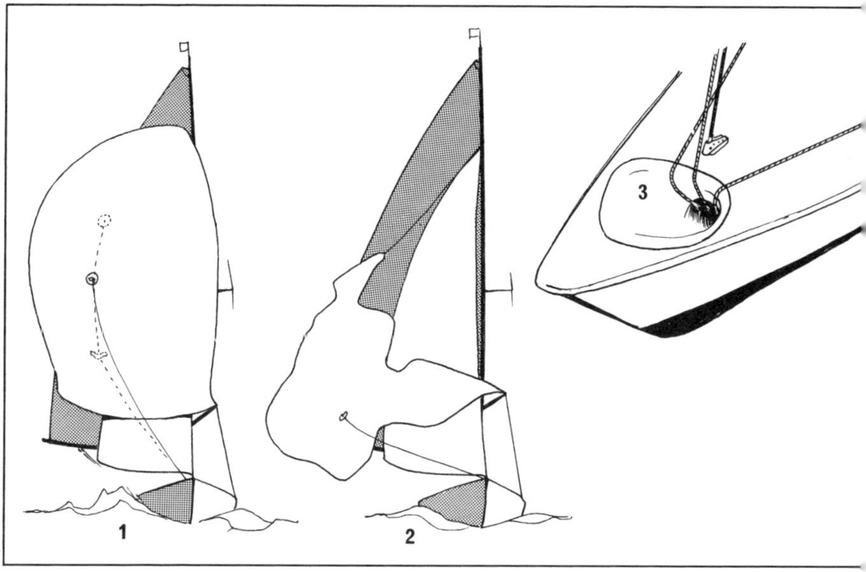

Spinnakertrompete – für Jollen und offene Kielboote. Die Methode ist einfach und sicher. Der Spinnaker wird durch ein Luk im Vorschiff in eine Trompete aus Segeltuch gezogen, die unter Deck im Vorschiff angebracht ist. Das Segel ist immer klar zum Setzen, ohne vorher aufgetucht werden zu müssen. Allerdings ist die Spinnakertrompete nicht auf allen Jollen und nur auf manchen Kielbooten erlaubt.
Die gestrichelte Einholeleine (Zeichnung 1) faltet den Spinnaker beim Bergen zweimal. Die Spinnakertrompete kann entsprechend kurz sein.

Das Bändsel wird vom Vorstag losgemacht, und der neue Spinnaker kann getrimmt werden. Gleichzeitig wird der alte Spinnaker schnell ins Cockpit geborgen. Bei kräftigem Wind ist es zu empfehlen, den neuen Spinnaker mit Gummibändern aufzutuchen, bevor er hochgezogen wird.

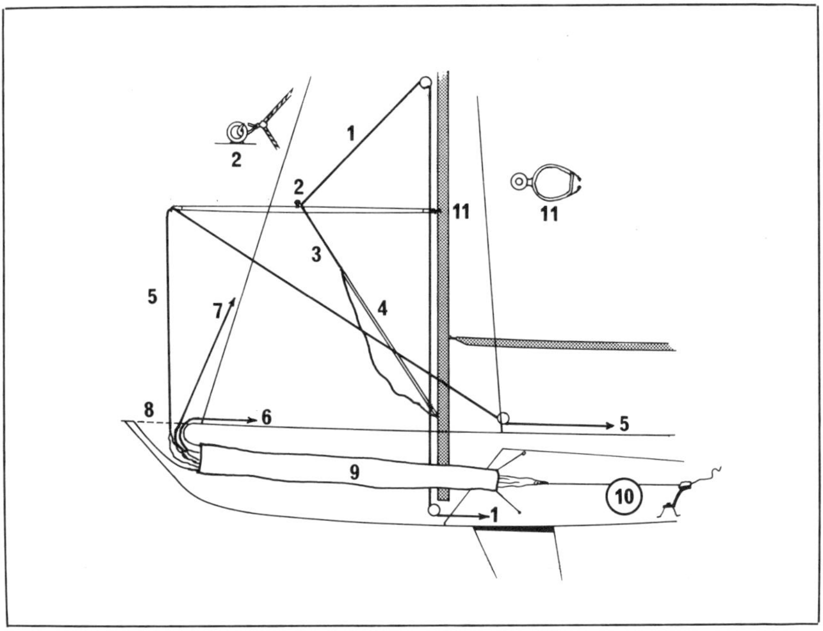

Spinnakergeschirr für Jollen

1. Toppnant. 2. Auge am Spinnakerbaum und Karabinerhaken am Toppnant. 3. Niederholer mit 4. starkem Gummistropp. 5. Achterholer. 6. Schot. 7. Spinnakerfall. 8. Ausgang der Spinnakertrompete. 9. Spinnakertrompete. 10. Trommel für Einholeleine, die Leine wird vom Rudergänger in einer Klemme belegt. 11. Auge für Spinnakerbaum.

Spinnakern auf der Jolle

Da der Spinnaker auf Jollen klein ist, verglichen mit den bisher beschriebenen, ist er einfacher zu setzen und zu bergen. Das kann durchaus auch in Luv gemacht werden und nicht, wie auf größeren Booten unbedingt notwendig, im Schutz von Großsegel und Vorsegel.
Die Zeichnung „Spinnakergeschirr für Jollen" zeigt eines der besten Systeme für den Trimm des Spinnakerbaums. Toppnant und Niederholer sind hier kombiniert. Der Gummistropp verhindert, daß der Spinnakerbaum sich zu weit hebt. Er steigt auf jeden Fall nicht weiter als bis zu dem Punkt, an dem der Niederholer steif steht. Da der Achterholer seinen Holepunkt am Want hat, wird er ebenfalls beim Niederhalten mitwirken. Soll der Spinnaker geborgen werden, wird einfach der Karabinerhaken (2) aus dem Auge am Spinnakerbaum genommen. Der Gummistropp plaziert die Toppnant-Niederholer-Kombination am Mast.
Die Abbildung zeigt auch, wie der Spinnaker in Ruhe unter Deck gefahren wird. Statt der Einholeleine (10) kann auch ein endloses Fall benutzt werden. Es wird vom Spinnakerkopf über den Masttopp zum Cockpit geführt, von dort durch die Spinnakertrompete und dann etwa in der geometrischen Mitte des Spinnakers befestigt. Das Spinnakerfall ist also gleichzeitig Einholeleine.
Spinnakerbergen: Abfallen bis vor den Wind oder auf jeden Fall, bis er achterlicher als querab einkommt, Spinnakerbaum vom Mast nehmen, Toppnant/Niederholer lösen, ins Luvschothorn greifen, Spinnakerbaum am Achterholer lösen, Schot loswerfen und Fall fieren und den Spinnaker in Luv einholen. Wird auf einer Jolle mit Spinnakertrompete im Trapez gesegelt, kann der Vorschoter möglicherweise im Trapez stehenbleiben, während der Rudergänger den Spinnaker birgt. Allerdings verursacht solch ein Manöver viel Unruhe und deshalb Geschwindigkeitsverlust. Das Manöver kann auch völlig danebengehen, ist daher generell nicht zu empfehlen.

Sogar auf der kleinen Mirror-Jolle kann ein Spinnaker gesetzt werden. Das Boot ist ausgezeichnet getrimmt, vor allem, weil die Crew richtig plaziert ist.

▶

Oben: Spinnaker achteraus im Wasser (siehe Seite 21).

Mitte: Der Rudergänger luvt an, weil andere Boote ihm den Wind nehmen. Das Luvliek kräuselt sich nachteilig. Das Liek ist entweder zu kurz oder das Spinnakertuch für den Wind zu leicht. Es ist elastischer als das Liek.

Unten: Der ausgeliehene Soling-Spinnaker ist für das Boot zu groß, läßt sich jedoch noch gut fahren.

118

35
56

Oben: Der Spinnaker wurde gerade gesetzt. Der Spinnakerbaum wurde nicht in den Achterholer, sondern direkt ins Schothorn gesetzt, das Schothorn vertörnt sich.

◀

Links oben: Eine Drabant 22 überholt ein Nordisches Folkeboot, das keinen Spinnaker setzen darf.

Links unten: Regattastart unter Spinnaker. Das Nordische Folkeboot (3. Boot von rechts) hat entsprechend der Klassenvorschriften keinen Spinnaker gesetzt.

1901
1901

◀ Links: Perfekt getrimmter Spinnaker auf einer 505er-Jolle.

LA-Kreuzer in frischer Brise. Der Achterholer ist zu sehr dichtgeholt, das Boot rollt unangenehm. Bei so viel Wind muß der Spinnaker direkt vor dem Boot stehen.

Die falsche Reihenfolge: Der Spinnaker ist gesetzt, jetzt wird versucht, den Spinnakerbaum anzubringen.

Spinnakersetzen im Spinnakerschlauch (siehe Seite 49).

Der Triradial, ein ganz neuer Spinnaker. Am Topp ist er radial, in der Mitte quer und unten sternförmig verarbeitet.

Yngling mit gut getrimmtem Spinnaker.

Spinnakersysteme

Wie in jeder anderen Sportart wird auch beim Segeln mit wissenschaftlichen Erkenntnissen ständig weiterentwickelt. Vielen Amateuren gehen die jüngsten Neuerungen im Segelsport, insbesondere fürs Regattasegeln, wegen der mit ihnen verbundenen Kosten zu weit. Der Tourensegler ist oft der Ansicht, daß er mit einer Normalausstattung von Großsegel, Fock, Genua plus Allround-Spinnaker bestens ausgerüstet ist. Diese Meinung ist sicherlich richtig, und Ersatzsegel sind kaum notwendig, da die Qualität moderner Segel gut ist.
Eine umfangreiche Segelgarderobe ist auch auf Klassenbooten kaum nötig, da in den jeweiligen Klassenvorschriften festgesetzt ist, mit wieviel Segeln gesegelt wird. Das Folkeboot beispielsweise segelt lediglich mit Großsegel und Fock, Ersatzsegel sind selbstverständlich erlaubt. Auf der olympischen Soling sind Großsegel, Fock und 2 Spinnaker zugelassen.
Ganz anders auf Seekreuzern, die nach IOR Regatten austragen, eine Sparte des Segelsports, die immer beliebter wird. Die meisten modernen Kunststoffboote sind für IOR-Regatten mit längeren oder kürzeren Kursen geeignet. Und da die Boote sich sowohl fürs Regattasegeln als auch fürs Tourensegeln eignen, finden hier die größten Entwicklungen statt.
Mit dem Wissen ist auch die Anzahl der Segel gestiegen, und zwar auf allen Booten, da kaum die Möglichkeit besteht, gegen ein mit Spezialsegeln ausgerüstetes Schiff zu gewinnen, wenn man nur die Normalausstattung an Bord hat. Viele Segel kosten jedoch viel Geld, und da ein Boot schon in der Anschaffung teuer ist, entscheidet häufig die größere Brieftasche über Sieg oder Niederlage.
Obwohl diese Entwicklung umstritten ist, kann sie nicht gestoppt werden, weil die IOR-Formel kaum entsprechende Einschränkungen vorschreibt. Das Fingerspitzengefühl, das zum Segeln gebraucht wird, kann allerdings bekanntlich nicht für Geld gekauft werden.
Sind also die finanziellen Möglichkeiten beschränkt, muß genau überlegt werden, welche Segel notwendig sind, um bei einer Regatta reelle Chancen zu haben. Es muß selbstverständlich auch berücksichtigt werden, daß die beste Segelausrüstung nichts nützt, wenn das Wissen mit ihr umzugehen und eine gute Crew fehlen. Trotzdem soll hier versucht werden,

eine Übersicht über die Segel und Segelsysteme zu geben, die heute von professionellen und internationalen Seglern verwendet werden. Mit dem Wort „professionell" sind hier solche Segler gemeint, die aus beruflichen Gründen ein besonderes Interesse daran haben, eine Regatta zu gewinnen — Bootsbauer, Segelmacher und Konstrukteure. Amateure können aus dieser Übersicht Anregungen erhalten und sich die Segel aussuchen, die für ihre jeweiligen Verhältnisse in Frage kommen. Zunächst ist es nötig, einiges über die IOR-Formel und Instrumente zu sagen.

IOR

IOR ist die Abkürzung für International Offshore Rule, die Vermessungsformel für Seekreuzer, die heute in aller Welt verwendet wird. Für eine Vermessung nach IOR sind etwa 80 Messungen am Rumpf und etwa 70 Messungen an Rigg und Segeln nötig. Von ihnen interessieren uns in diesem Zusammenhang nur einige:

J = Der horizontale Abstand zwischen Vorkante Mast und Ansatzpunkt des Vorstages an Deck.

LPG = Abstand zwischen Schothorn und Vorliek einer Genua, in rechtem Winkel aufs Vorliek gemessen. Ist er größer als 150% von J, wird er in der Vermessung bestraft.

SPL = Länge des Spinnakerbaums, normalerweise identisch mit J.

JC = Korrektion von J. Ist JC größer als J, sind entsprechend größere Spinnaker und größere Genua erlaubt. Das Rating (der Rennwert) verschlechtert sich allerdings.

SMW = Maximale Breite des Spinnakers, gemessen zwischen den Seitenlieken bei gleichem Abstand vom Kopf. SMW darf nicht größer sein als 180% von J.

Um nicht allzu unterschiedliche Yachten gegeneinander segeln zu lassen,

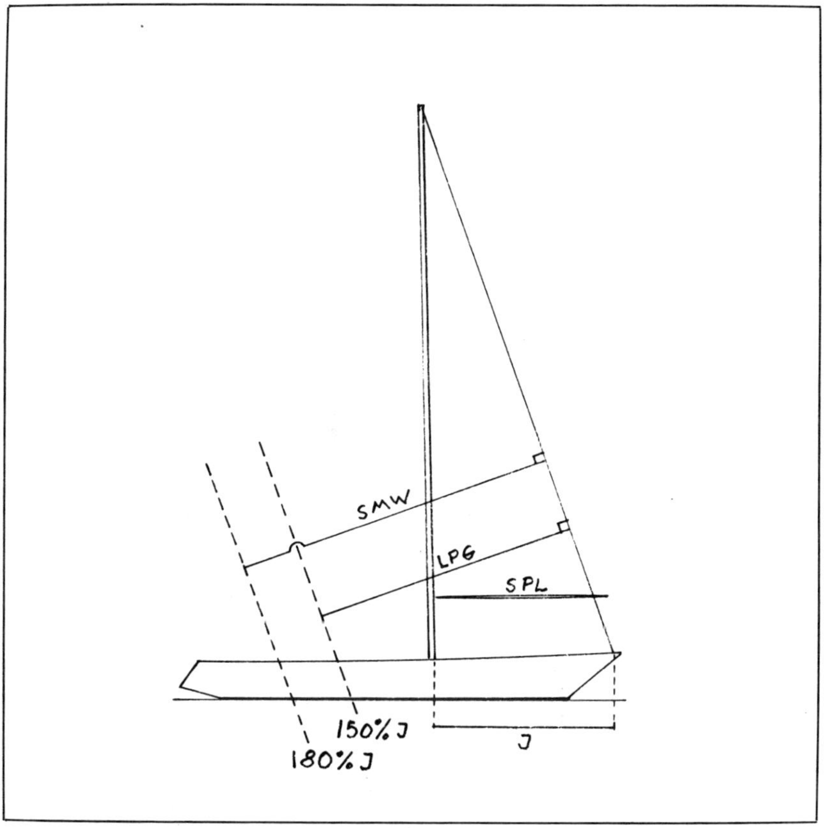

wurden sie in 8 IOR-Klassen eingeteilt, und zwar entsprechend ihres Rennwertes, der in Fuß gemessen wird:

I	33,0 — 70,2 Fuß	oder 10,05 — 21,40 m
II	29,0 — 32,9 Fuß	oder 8,84 — 10,02 m
III	25,5 — 28,9 Fuß	oder 7,77 — 8,81 m

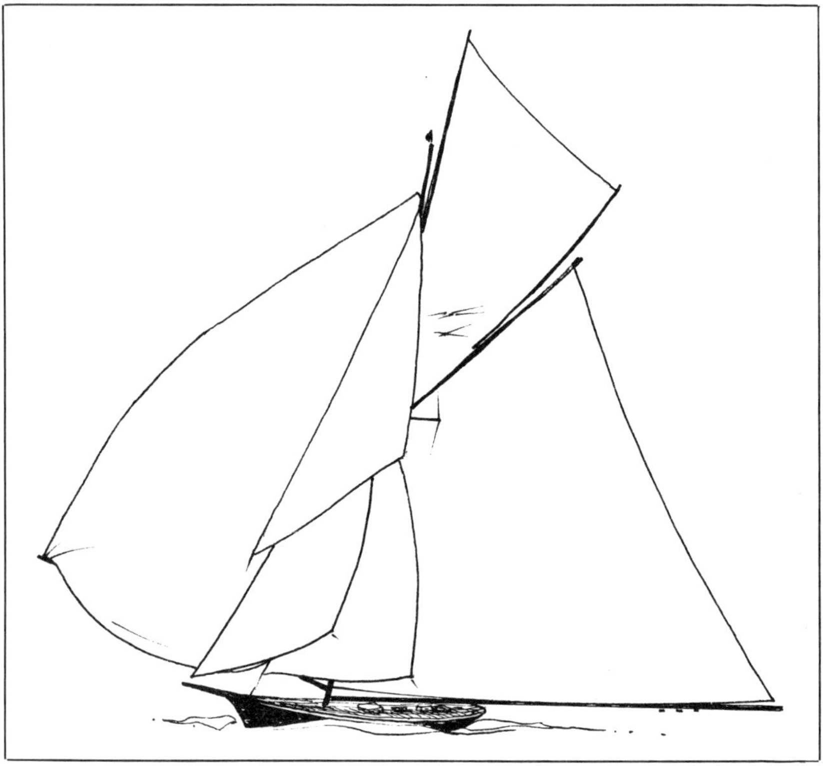

Regatten wurden schon immer nach Ausgleichsregeln ausgetragen. Dieser Kutter um 1880 segelte nach einer Rennwertformel, in der die Segelfläche nicht begrenzt war.

IV	23,0 — 25,4 Fuß	oder	7,01 —	7,74 m
V	21,0 — 22,9 Fuß	oder	6,40 —	6,98 m
VI	19,0 — 20,9 Fuß	oder	5,79 —	6,37 m
VII	17,5 — 18,9 Fuß	oder	5,31 —	5,76 m
VIII	unter 17,5 Fuß	oder	unter	5,33 m

In den sogenannten Tonner-Klassen segeln Seekreuzer ohne Vergütung gegeneinander. Für die einzelnen Tonner-Klassen wurden folgende Maximal-Rennwerte festgesetzt:

Zweitonner	— 32	Fuß	(Klasse II)
Eintonner	— 27,5	Fuß	(Klasse III)
Dreivierteltonner	— 24,5	Fuß	(Klasse IV)
Halbtonner	— 21,7	Fuß	(Klasse V)
Vierteltonner	— 18	Fuß	(Klasse VII)
Achtel- oder Minitonner	— 16	Fuß	(Klasse VIII)

Die Fuß-Maße der Rennwerte sind theoretische Einheiten. Sie haben mit der Länge eines Bootes nichts zu tun. Ein Klasse-III-Boot hat etwa eine Länge zwischen 10,36 und 11,27 m.

Instrumente

Es ist nicht lange her, da begnügte man sich an Bord mit einem Kompaß. Inzwischen gibt es eine Reihe von Instrumenten, die dazu beitragen, die optimale Geschwindigkeit aus einem Boot herauszuholen. Von diesen sind einige auch für den Tourensegler schon unentbehrlich geworden, wie Echolot und Sumlog. Diese Instrumente sind erschwinglich und sollten allein schon aus Sicherheitsgründen zur Navigation hinzugezogen werden. Besonders ein Sumlog mit Meilenzähler ist nützlich. Instrumente, die in der Kombination mit Segelsystemen wichtig sind, sind elektronische Windrichtungs- und Windgeschwindigkeitsmesser. Sie werden gesammelt auf einem Instrumentenbrett angeboten, das über dem Niedergang montiert wird, oder einzeln fürs Einlassen in ein Schott.
Die Instrumente (siehe folgende Seiten):
1. Windgeschwindigkeit (wind speed). Mißt in Knoten oder m/sek.
2. Am-Wind-Lupe (close hauled). Windlupe für die Anzeige des Windeinfalls an beiden Seiten der Längsachse des Schiffes im Bereich 0—45 Grad.
3. Windrichtungsanzeige (wind direction). Rundumanzeige des Windeinfalls zur Längsachse des Bootes.
4. Echolot, hier nur der Vollständigkeit halber im Bild.
5. Geschwindigkeit in Knoten (water speed).

Instrumentenbrett für die Anbringung über dem Niedergang.

6. Geschwindigkeitsfeinanzeige (amplifier oder efficiency). Nach Null-Einstellung Anzeige der Geschwindigkeitsverbesserung oder -abnahme im Bereich +/— 0,1 bis 0,5 Knoten.

Darüber hinaus gibt es den Koppelkursrechner, der eine Änderung der Bootsgeschwindigkeit unter Berücksichtigung von Windgeschwindigkeit und Windeinfall errechnet. Das Gerät ist sehr teuer und in Regatten nicht zugelassen.

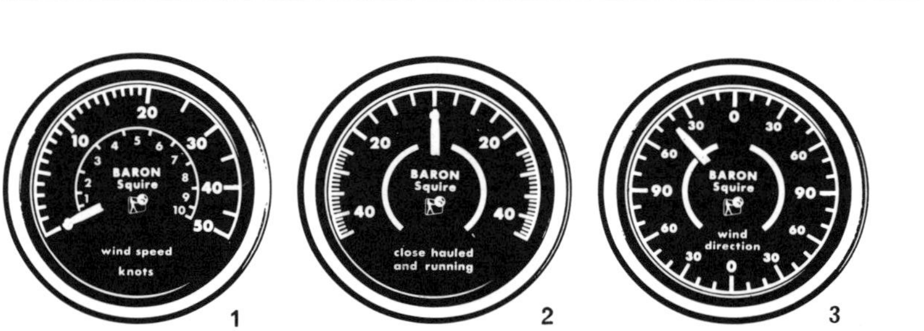

Tochterinstrument für die Kajüte mit Sumlog und Echolot.

Windinstrumente zeigen den wahren Wind nur an, wenn das Boot still liegt. Unter Fahrt zeigen sie immer den scheinbaren Wind. Auf allen Kursen von hart am Wind bis raumschots zeigen die Instrumente höhere Windgeschwindigkeit und spitzeren Einfallswinkel als tatsächlich vorhanden. Vor dem Wind ist der scheinbare Wind dagegen schwächer als der wahre. Grundlage für die Segeldiagramme auf den folgenden Seiten ist der scheinbare Wind.

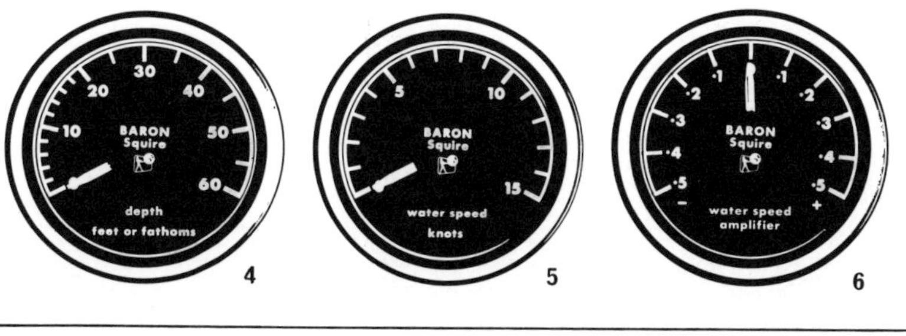

4 5 6

Zur Bestimmung des wahren Windes muß die Schiffsgeschwindigkeit addiert oder subtrahiert werden. Ob ganz oder teilweise, hängt davon ab, welchen Kurs zum Wind man segelt. Zeigt das Instrument den Wind in m/sek an, wird die Anzeige für die Ermittlung der Knoten mit 2 multipliziert.
Nehmen wir an, das Boot segelt etwa 45 Grad zum wahren Wind, die Bootsgeschwindigkeit ist auf dem Instrument 5 Knoten. Die Windgeschwindigkeitsanzeige gibt 18 Knoten an oder 9 m/sek. Da am Wind gesegelt wird, muß die Bootsgeschwindigkeit von der Windgeschwindigkeit subtrahiert werden. Es werden jedoch nicht die gesamten 5 Knoten abgezogen, da ja nicht direkt gegen den Wind gesteuert wird, sondern etwa $^3/_4$ davon. Die Rechnung ist 18 Knoten minus 3,75 Knoten, was eine wahre Windgeschwindigkeit von 14,25 Knoten ergibt.
Wird vor dem Wind bei 14,25 Knoten Windgeschwindigkeit gesegelt, und zwar mit 6 Knoten Geschwindigkeit, zeigt das Instrument 8,25 Knoten

Verklicker. Er wird nach vorn gerichtet auf dem Masttopp montiert und gibt durch ein Kabel elektrische Impulse für Windrichtungs- und -geschwindigkeitsanzeige ins Cockpit.

Windgeschwindigkeit (14,25 Knoten minus 6 Knoten), den scheinbaren Wind.
Die Auffassung ist verbreitet, daß Instrumente dieser Art Geldverschwendung sind und daß genausogut, wie schon immer, nach Gefühl gesegelt werden kann. Instrumente sollten auch nie dazu verleiten, sie während einer Regatta ununterbrochen anzustarren. Gesegelt wird natürlich nach wie vor mit dem Gefühl, die Instrumente ergänzen. Zahlreiche Segler erzielen ohne die Hilfe von Instrumenten gute Ergebnisse. Würden sie jedoch Instrumente hinzunehmen und ausnutzen, wären ihre Leistungen noch besser. Zusammenfassend kann man folgendes über Vor- und Nachteile sagen:

Vorteile
1. Es kann sicher festgestellt werden, welche Segel bei der jeweiligen Windrichtung und -stärke die beste Geschwindigkeit bringen.
2. Es kann kontrolliert werden, ob maximale Höhe gesteuert wird.
3. Nachts können die beleuchteten Instrumente abgelesen werden. Auf mehr oder weniger undeutliche Wahrnehmungen braucht der Segler sich nicht zu verlassen.

Nachteile
1. Die Instrumente sind teuer.
2. Service ist oft schwierig zu bekommen. Die meisten Instrumente sind importiert. Ein Instrument, das falsch anzeigt, ist schlechter als gar keins.

Jeder Segler kennt die Situation, wenn er sich bei halbem Wind fragt, ob ein Spinnaker gesetzt werden kann oder die Genua stehen gelassen werden soll. Er weiß, daß es kostbare Zeit nimmt, wenn es sich zeigt, daß der Spinnaker nicht steht und wieder heruntergenommen werden muß. Oft wird er deshalb warten, bis andere ihr Glück versucht haben, setzt dann schnell ebenfalls den Spinnaker oder freut sich, wenn es bei dem anderen nicht klappte.
Hat er dagegen Windrichtungs- und Windgeschwindigkeitsanzeige an Bord, braucht er die Initiative nicht dem Konkurrenten zu überlassen. Er hat sich gemerkt, daß sich bei früherer Gelegenheit ein Spinnaker unter der betreffenden Situation auszahlte. Er kann weiter entscheiden, ob sich jetzt ein Spinnakerstagsegel lohnt, oder ob die Genua, die zusammen mit

dem Spinnaker stand, lieber geborgen wird, etc. Vor dem Segelwechsel wird die Geschwindigkeitsfeinanzeige auf Null gestellt, die Anzeige der Windrichtung und Windgeschwindigkeit merkt man sich. Vielleicht zeigt die Geschwindigkeitsfeinanzeige schon nach kurzer Zeit 0,2 Knoten mehr Fahrt. Eine so kleine Differenz kann ohne Instrumente nicht festgestellt werden. Natürlich darf die Fahrtverbesserung nur gewertet werden, wenn Windgeschwindigkeit und Windrichtung sich nicht veränderten.

Spezialsegel — wie funktionieren sie?

Yachten für IOR-Regatten haben unzählige Möglichkeiten, die Segelführung zu variieren. Es gab viele kostspielige Experimente, bis tatsächlich festgestellt wurde, was in der IOR-Formel raumschots eigentlich erlaubt ist. Außerdem werben alle Segelmacher für ihr eigenes spezielles Programm. Einzelne Segelmacher überzeugten durch Regattaerfolge, die sie mit ihren eigenen Segeln errangen.
Außer den Raumschotsvorsegeln (Zeichnung rechts) gibt es für Kreuzkurse folgende Vorsegel: Genua I (maximal), Drifter (Leichtwettergenua), Genua II, Genua III, Fock I, Fock II und Sturmfock. Variiert wird bei einigen dieser Segel auch in der Tuchstärke. Es ist einleuchtend, daß solch eine große Segelzahl nicht von jedermann angeschafft werden kann.
Die im folgenden angegebenen Tuchgewichte und Windeinfallswinkel sind lediglich richtungsweisend. Ausgegangen wurde von einem Boot von etwa 9,50 bis 11 m Länge. Die Diagramme wurden sowohl von der Segelmacherei Beilken (Bremen) als auch von Bruce Banks (England) entwickelt, außerdem wurden eigene Erfahrungen verwertet. Die Windgrade beziehen sich auf Instrumentenanzeige, also auf den scheinbaren Wind. Englische Bezeichnungen wurden beibehalten, weil sie kurz und treffend sind und sich darüber hinaus auch im deutschen Sprachgebrauch eingebürgert haben.

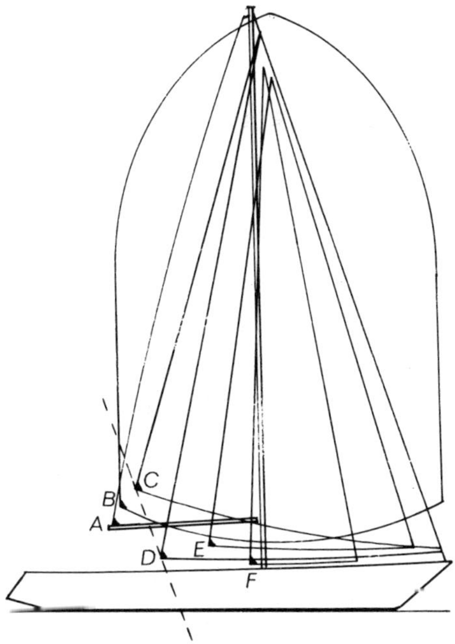

A Großsegel
B Spinnaker maximal
C Reacher maximal
D Genua maximal oder Big Boy
E Spinnakerstagsegel
F Tallboy

Reacher

Profil: extrem voll.
Größe: wie Genua I (150% von J). Tatsächlich 5% größer durch die große Rundung des Unterlieks.
Tuch: 160—270 g/m².
Anwendung: Der Reacher ersetzt bei sehr leichtem und sehr hartem Wetter den Starcut.
Windeinfall zwischen 40 und 75 Grad.

Der Reacher ist eine Spezialgenua für Am-Wind-Kurse und wird gesetzt, wenn der Starcut nicht mehr gefahren werden kann. Er hat ein hochgeschnittenes Schothorn und wird außen ums Want gefahren. Der Holepunkt der Schot ist nahe am Heck plaziert. Durch das extrem rund geschnittene Fußliek bekommt man ungestraft nach IOR einige Segelfläche geschenkt. Der Reacher wird nie gleichzeitig mit dem Spinnaker gefahren. Richtig zur Geltung kommt er in flauen Winden bei Am-Wind-Kursen, höchstens jedoch bis zu halbem Wind. Die Segelfläche sitzt höher als die der Genua und bekommt deshalb leichter Wind. Da die Schotführung weit achterlich ist, ist der Abstand zwischen Großsegel und Reacher groß. Der Wind kann ungehindert abfließen. Das offene Achterliek trägt dazu bei.
Eine normale Genua würde durch ihren mittschiffs liegenden Schotholepunkt den freien Austritt des Windes beeinträchtigen. Beim Schoten des Reachers kann folgende Regel angewandt werden: Das Segel wird gut von der Saling freigehalten. Fängt das Segel am Kopf an zu killen, wird der Holepunkt nach vorn verlegt, killt das Unterliek, wird er nach achtern versetzt.
In dem breiten Kanal zwischen Reacher und Großsegel kann ein Spinnakerstagsegel oder ein Tallboy gesetzt werden. Allerdings ist die Höhe, die mit dieser Besegelung gelaufen werden kann, nicht groß.
Da der Reacher einfacher zu handhaben ist als ein Spinnaker und da sein Unterliek von der See nicht gepackt werden kann wie das einer Genua, kann er auch bei hartem Wetter gesetzt werden (Windeinfall 80—120 Grad). Weil das Segel mit seinem hochgeschnittenen Unterliek guten Ausblick nach vorn gibt, ist es für Familiensegeln sehr gut geeignet.

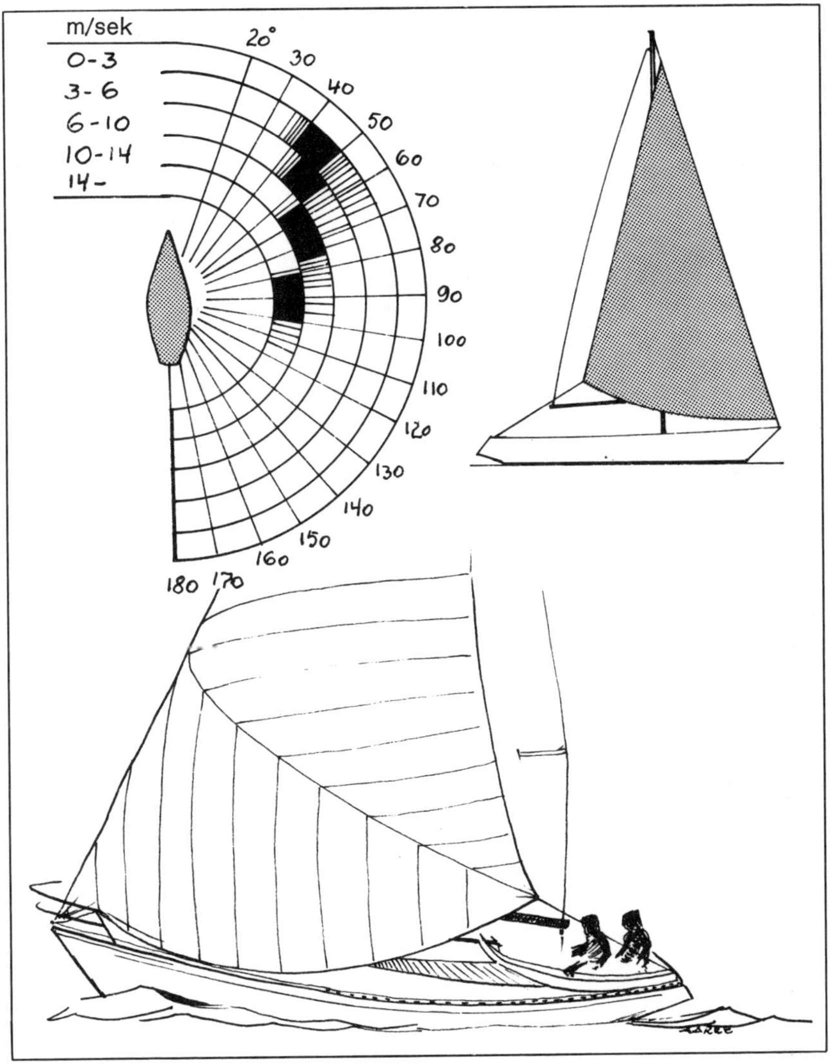
m/sek
0-3
3-6
6-10
10-14
14-
20°
30
40
50
60
70
80
90
100
110
120
130
140
150
160
170
180

Spinnakerstagsegel

Profil: extra tief.
Größe: maximal 75 % der Genua I.
Tuch: 60—80 g/m^2.
Anwendung: im Spinnaker bei 4—10 m/sek Wind. Windeinfall 80—120 Grad.

Bei mittleren Winden bringt das Segel nachweislich mehr Fahrt und wird deshalb immer häufiger benutzt. Um den Stand des Spinnakers nicht zu beeinträchtigen, wurde das Segel anfangs insgesamt niedriger geschnitten. Inzwischen wurde festgestellt, daß das Vorliek, wie bei der Genua, bis zum Topp reichen kann. Nachteilig für den Spinnaker ist das Spinnakerstagsegel bei sehr leichtem und achterlichem Wind.
Das Segel wird ohne Stag gefahren. Der Hals wird etwa 0,5 m — 1 m hinter dem Vorstag in ein Decksauge gesetzt und gibt dem Spinnaker dadurch Luft. Bei etwa 110 Grad Windeinfall kann der Hals nach Luv ans Schandeck versetzt werden.
Das Segel wird aus recht leichtem Tuch genäht. Ersatzweise kann auch eine normale Genua II oder III verwendet werden, bei Wind über 10 m/sek auch die Fock. Es muß lediglich darauf geachtet werden, daß das Schothorn nicht achterlicher als das Maß LPG liegt (s. Seite 64).
Ein Spinnakerstagsegel oder eine Genua, am Vorstag gesetzt, verhindert unter Spinnaker unfreiwilliges Anluven.

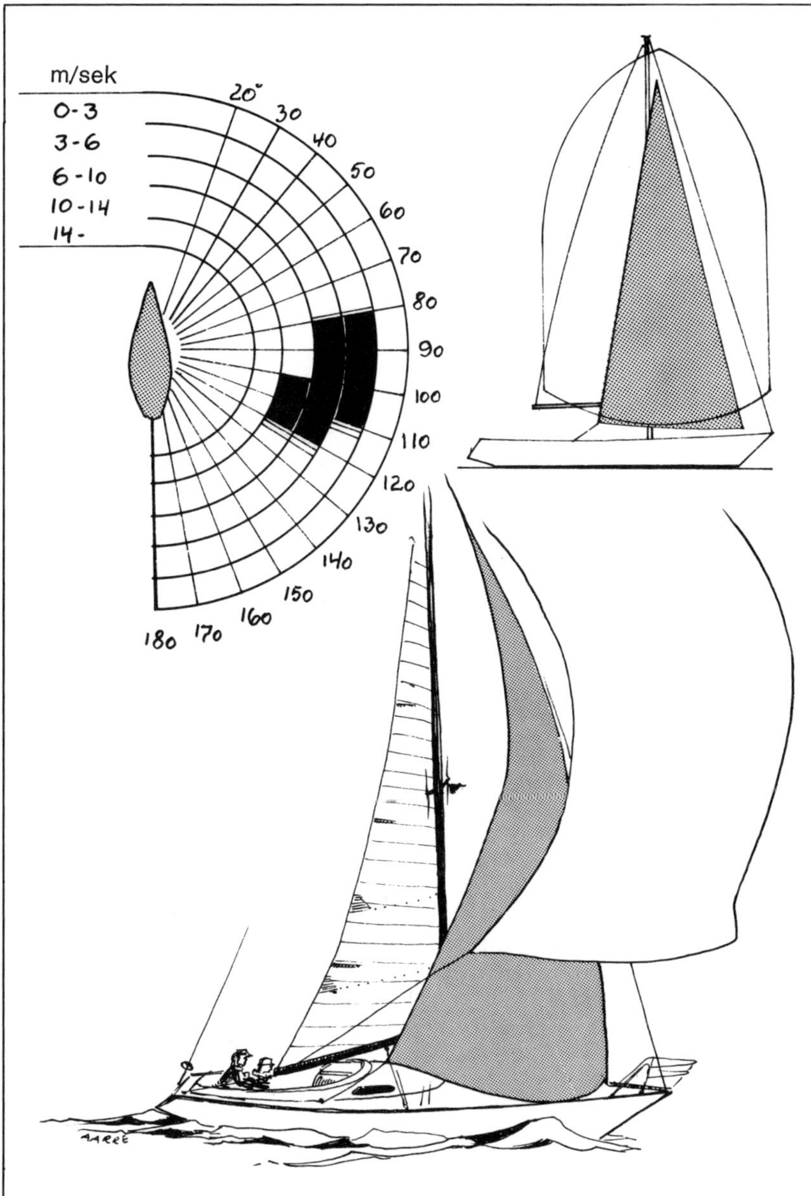
m/sek
0-3
3-6
6-10
10-14
14-
20°
30
40
50
60
70
80
90
100
110
120
130
140
150
160
170
180

Tallboy

Profil: mitteltief.
Größe: meistens wie Fock I, etwa 40% von Genua I.
Tuch: 170—230 g/m^2.
Anwendung: unter dem Spinnaker zwischen 3 und 12 m/sek Wind. Windeinfall zwischen 55 und 165 Grad.

Zwischen Groß- und Vorsegel entsteht bei Am-Wind-Kursen ein Windkanal, durch den der Wind gedrückt wird und wodurch deshalb ein beschleunigendes Vakuum vor dem Großsegel entsteht. Ein Tallboy wird nun so geschnitten und gesetzt, daß er diesen Effekt auch bei Raumkursen bringt. Das Segel ist hoch und schmal, das Unterliek reicht beinahe aufs Deck. Steht der Spinnaker so, daß der Spinnakerbaum am Vorstag anliegt, wird der Tallboyhals mittschiffs, etwa in der Mitte zwischen Vorstag und Mast, gesetzt. Bei raumendem Wind versetzt man den Tallboyhals nach Luv. Bei achterlichem Wind sitzt er ganz am Schandeck. Die Schot des Tallboys wird dann durch einen am Rüsteisen oder in der Fußprofilleiste befestigten Block geschoren. Auf vielen Booten gibt es für den Tallboy an Deck Schienen in Quer- und Längsrichtung. Da sie eine Stolperfalle sein können, kann statt dessen für die Befestigung des Halses auch ein Drahtstropp quer über Deck gespannt werden, der nur dann benutzt wird, wenn der Tallboy in Gebrauch ist. Der Einsatzbereich des Tallboys ist recht vielfältig. Überschneidet er sich mit dem etwas beschränkteren des Spinnakerstagsegels, sollte dieses jedoch gesetzt werden. Bei kurzer, hoher See lohnt es sich nicht, den Tallboy zu fahren, da die Bewegungen des Bootes den richtigen Windabfluß zwischen Tallboy und Großsegel und Spinnaker und Tallboy zerstören.

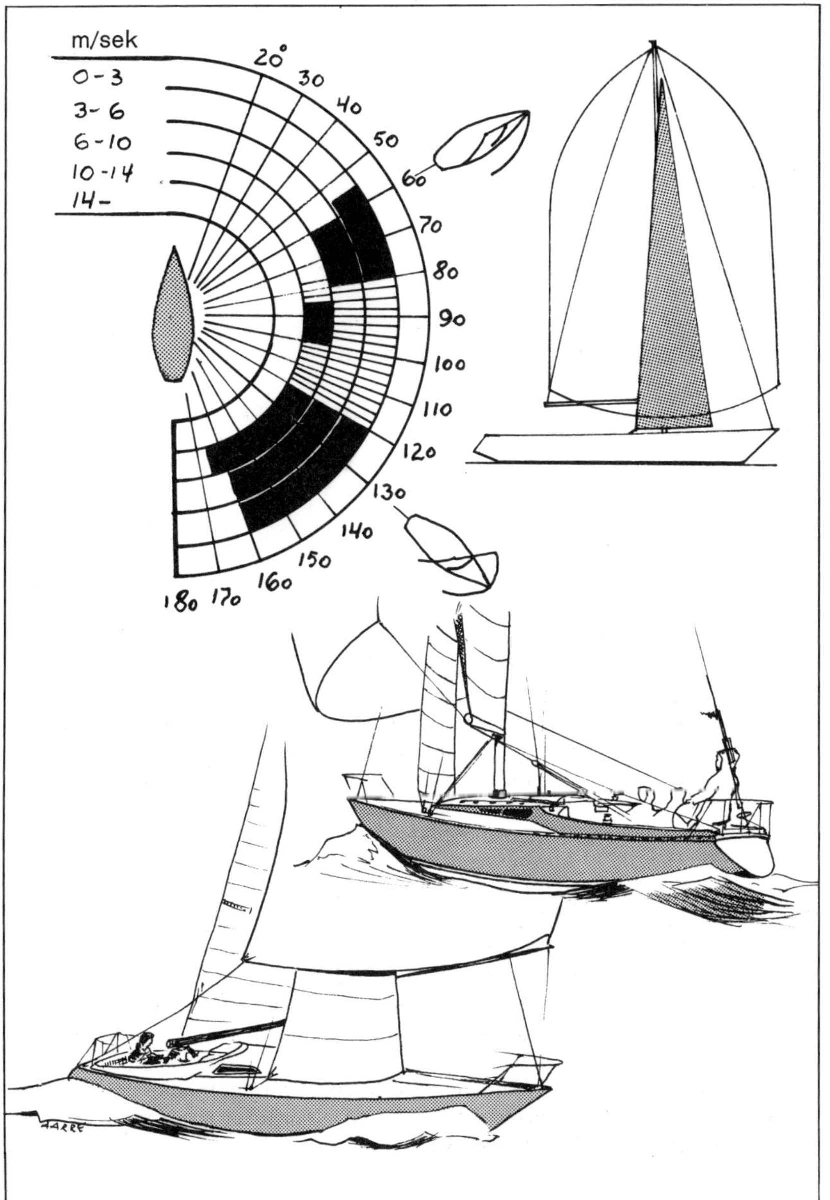
m/sek
0-3
3-6
6-10
10-14
14-
20°
30
40
50
60
70
80
90
100
110
120
130
140
150
160
170
180

Starcut

Profil: extrem flach, schmale Schultern.
Größe: 10—12 % kleiner als der Maximal-Spinnaker.
Tuch: 60—70 g/m².
Anwendung: 3—20 m/sek Wind; Am-Wind-Spinnaker und Starkwind/Sturmspinnaker. Windeinfall: 50—180 Grad.

Der Starcut ist die erste tatsächlich neue Erfindung, seitdem der quer verarbeitete Spinnaker auftauchte. Mit einem Normalspinnaker kann nicht sonderlich hoch angeluvt werden. Er muß recht bald durch Genua oder Reacher ersetzt werden. Mit dem Starcut kann man dagegen bis 45 Grad am Wind segeln. Ein Boot ohne Starcut hat gegen ein Boot mit Starcut in einer Regatta keine Chance.
Nach manchen Experimenten ist die Starcut-Form entwickelt worden, die auf der Zeichnung zu sehen ist. Die Bahnen strahlen von den drei Ecken aus zur Mitte, die äußersten Bahnen laufen parallel zu den Lieken. Diese Verarbeitung gibt dem Starcut so viel Stabilität, daß die Schultern noch verhältnismäßig groß zugeschnitten werden können, ohne daß sie auf dem äußersten Am-Wind-Kurs einfallen. Das gleichmäßige Profil verhindert, daß der tiefste Punkt des Spinnakers nach achtern wandert, wodurch der Vortrieb vermindert werden würde. Wird der Spinnakerbaum flach getrimmt und damit das Luvliek gestreckt, hat man ein Segel, das den Wind fast so annimmt wie eine Genua. Mit seiner Formstabilität und dem flachen Profil läßt der Starcut den Wind abfließen, ohne daß das Leeliek sich krümmt. Ein normaler Spinnaker würde einfallen.
Da der Spinnakerbaum flach gefahren wird, ist die richtige Schotführung wichtig. Es muß ein Schotholepunkt mittschiffs gefunden werden, durch den Leeliek und Unterliek gleichmäßig belastet sind.
Ein weiterer Vorteil des Starcut ist, daß er mit der kleineren Fläche und seiner Stabilität die Krängung des Bootes verringert, was einfacheres Rudergehen und mehr Geschwindigkeit bedeutet. Weiter muß bedacht werden, daß er vor dem Wind als Starkwind/Sturmspinnaker verwendet werden kann. Da der Starcut komplizierte Näharbeit ist, kostet er etwa ein Drittel mehr als ein normaler Spinnaker.

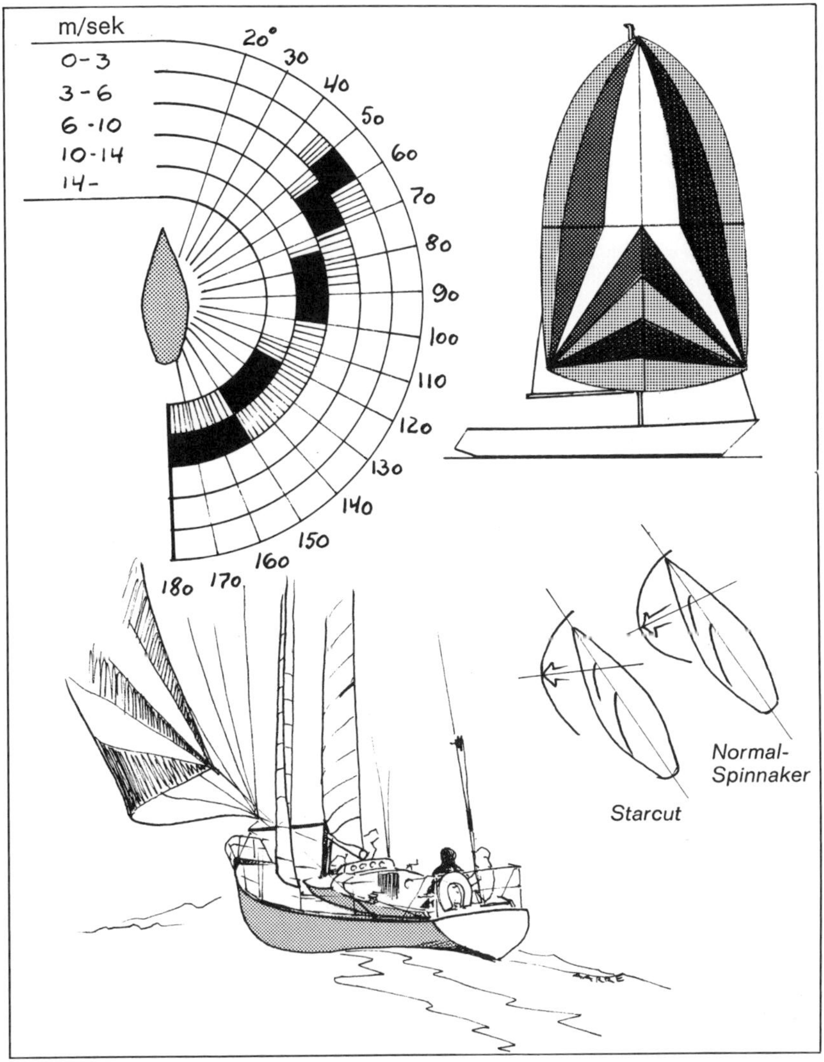
m/sek
0-3
3-6
6-10
10-14
14-
20°
30
40
50
60
70
80
90
100
110
120
130
140
150
160
170
180
Normal-
Spinnaker
Starcut

Radialspinnaker

Profil: etwas flacher als beim Normalspinnaker.
Größe: maximal (180 % von J).
Tuch: 45—65 g/m².
Anwendung: 4—12 m/sek Wind. Allroundspinnaker.
Windeinfall 60—180 Grad.

Der Radialspinnaker ist ein Zwischending von Starcut und gewöhnlichem, ausschließlich quer verarbeitetem Spinnaker. Die strahlenförmigen Bahnen im oberen Drittel des Radialspinnakers geben Stabilität. Sie verhindern, daß der tiefste Punkt des Spinnakers nach achtern wandert. Der völlig quer verarbeitete Spinnaker als Allroundspinnaker wird vom Radialspinnaker immer mehr verdrängt. Das Unterliek ist sehr rund geschnitten, um die Fläche zu vergrößern. Dieser Spinnaker wird als Segel für hartes Wetter etwas kleiner und mit längeren Radialbahnen zugeschnitten, außerdem in kräftigerem Tuch.

Floater oder Ghoster

Profil: mitteltief.
Größe: maximal (180 % von J).
Tuch: 30—40 g/m².
Anwendung: 0—8 m/sek Wind. Leichtwindspinnaker.
Windeinfall 70—180 Grad.

Da der Floater nur in sehr leichtem Wetter gefahren werden kann, ist er tatsächlich ein ziemlicher Luxus. Er ist dann allerdings auch von großem Vorteil, weil er mit seinem leichten Tuch auch in der kleinsten Brise anzieht. Die Schoten müssen dünn und leicht sein. Der Floater ist mitteltief zugeschnitten, weil er mit tieferem Profil vom leichten Wind nicht gefüllt werden würde. Die Bezeichnung Floater kommt aus den USA. In England wird er Ghoster genannt.

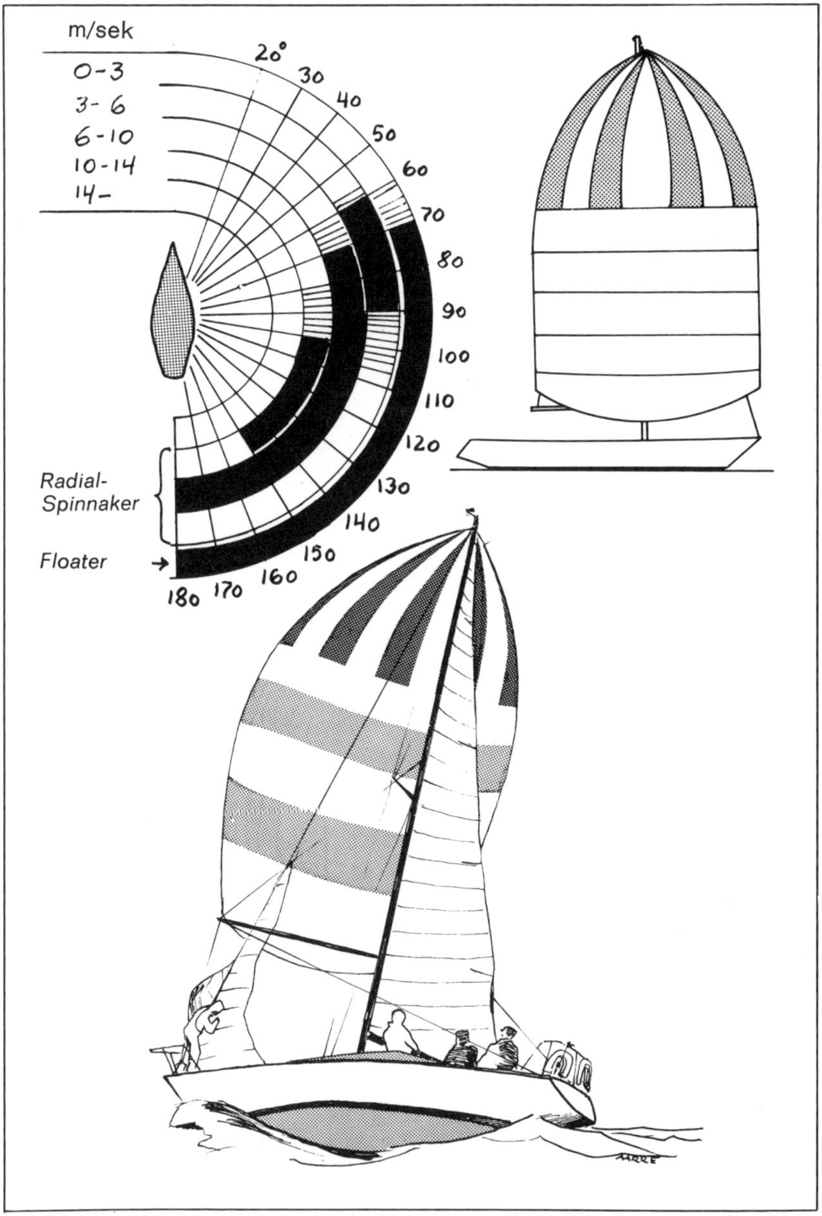
m/sek
0-3
3-6
6-10
10-14
14-
20°
30
40
50
60
70
80
90
100
110
120
130
140
150
160
170
180
Radial-Spinnaker
Floater

Big Boy, auch Blooper genannt

Profil: extrem bauchig.
Größe: maximal (wie Genua I), tatsächlich ist er jedoch 5% größer, weil das Unterliek sehr rund geschnitten ist.
Tuch: 55—65 g/m^2.
Anwendung: in Lee des Spinnakers bei Kursen nahezu vorm Wind.
0—7 m/sek Wind. Windeinfall 160—180 Grad.

Nach IOR ist es verboten, zwei Spinnaker zu setzen. Es darf jedoch fliegend in Lee des Spinnakers ein Vorsegel gesetzt werden, das nicht größer als die Genua I ist (150% von J). In Ausnutzung der Regel wird der Big Boy oben sehr bauchig und breit zugeschnitten und mit stark gekrümmtem Vorliek. Damit wird auf legale Weise die Formel ausgenutzt und zusätzliche Fläche gewonnen. Läßt man den Big Boy nicht größer als Genua I zuschneiden, mißbraucht man die Formel also nicht, ist man gegen Strafpunkte gesichert. Statt des Big Boys kann auch ein Drifter angeschafft werden, der genauso leicht ist, aber anders als der Big Boy auch am Wind gefahren werden kann.
Der Big Boy wird fliegend gefahren. Das Fall nicht zu Blocks geholt, damit das Segel seine bauchige Form bekommt. Der Hals wird vorm Bugkorb, also auch vorm Vorstag angeschlagen. Das Segel schwebt frei und tief, und die Spinnakerschot wird in Luv innerhalb des Big Boys geführt. Die Big-Boy-Schot wird über die Großbaum-Nock gefahren und von dort zum Cockpit oder zu einer Klampe am Mast geführt. Der Großbaum bekommt so die Funktion eines Spinnakerbaumes. Bei weniger als 7 m/sek Wind deckt das Großsegel den Big Boy ab. Es muß gerefft werden. Unter 5 m/sek Wind wird ein doppeltes Reff eingedreht, und bei weniger als 2 m/sek Wind birgt man das Großsegel, damit die leichten Vorsegel in ihrer Wirkung nicht beeinträchtigt werden. Um mit dieser Besegelung ein gutes Ergebnis zu erzielen, sollten die Segel, wenn möglich, ständig getrimmt und die Instrumentenanzeigen mit und ohne Big Boy verglichen werden.

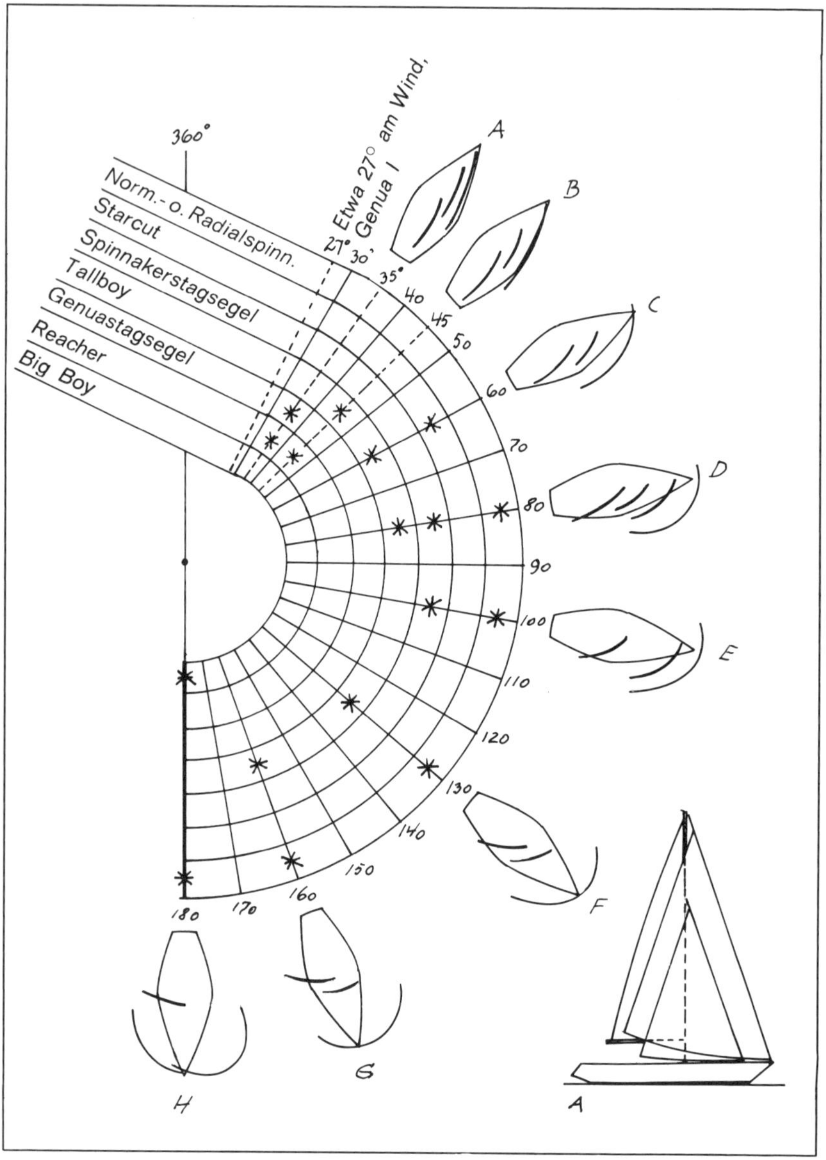

Segelsystem des englischen Segelmachers Bruce Banks, das er mit Erfolg auf einem Halbtonner benutzte.

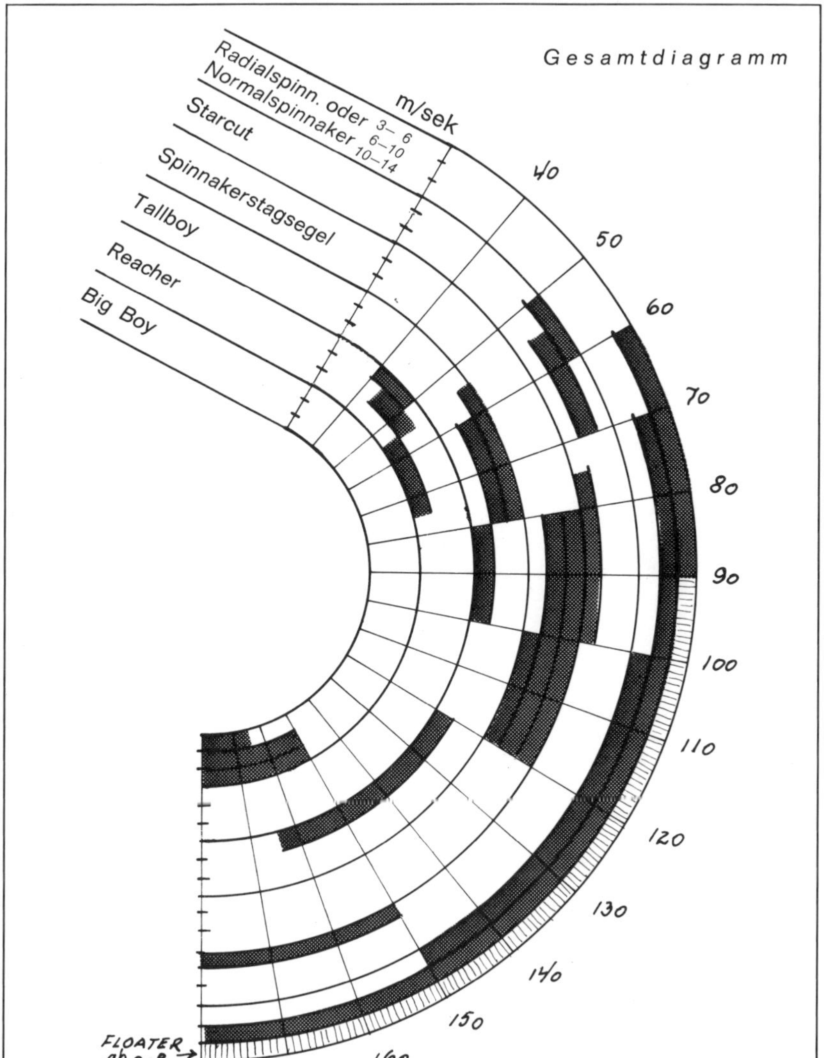

Mit diesem Diagramm als Vorlage kann nach eigenen Erfahrungen ein Diagramm speziell für das eigene Boot angefertigt werden.
Anwendungsbeispiel: Gesegelt wird bei 4 m/sek Wind, der Windeinfall ist 85 Grad. Die richtige Besegelung ist jetzt Normalspinnaker mit Spinnakerstagsegel.